Mit 100 Mark sind Sie dabei

Sabine Theadora Ruh ist Journalistin mit den Schwerpunkten Finanzdienstleistungen und Wirtschaft. Sie arbeitet seit 1996 als freie Autorin für Pressestellen und Wirtschaftsredaktionen und veröffentlichte bei Campus *Schluss mit dem Geldverschenken* (2000).

Sabine Theadora Ruh

Mit 100 Mark sind Sie dabei

Schritt für Schritt zum kleinen Vermögen

Campus Verlag
Frankfurt/New York

Die Deutsche Bibliothek – CIP-Einheitsaufnahme

Ein Titeldatensatz für diese Publikation ist bei
der Deutschen Bibliothek erhältlich
ISBN 3-593-36657-6

Umschlaggestaltung: Guido Klütsch, Köln
Satz: TypoForum GmbH, Nassau
Druck und Bindung: Media-Print, Paderborn
Gedruckt auf säurefreiem und chlorfrei gebleichtem Papier.
Printed in Germany

Inhalt

1
Der Einstieg

Gutta cavat lapidem non vi, sed saepe cadendo.

Steter Tropfen höhlt den Stein.
Ovid, Epistulae ex Ponto, 43 v. Chr.

Jedes Jahr erscheinen zahlreiche Finanzratgeber auf dem Markt, die Reichtum innerhalb kürzester Zeit versprechen. Sieht man sich diese Tipps näher an, verliert man allerdings schnell den Spaß an der ersten Million. Wer will schon jahrelang auf Konsum und Lebensfreude verzichten, nur um im Rentenalter Millionär zu sein? Wollen Sie wirklich zehn Jahre lang nicht mehr verreisen, Ihr Auto bis zur Schrottreife fahren und von Sekt auf Selters umsteigen, damit Ihre Erben sich später auf Ihre Immobilien- und Aktienfonds stürzen können?

Falls Sie lieber jetzt schon gut leben, aber trotzdem für die Zukunft vorsorgen möchten, gibt es auch andere Möglichkeiten. Sie brauchen Ihre Ziele ja nicht ganz so hoch zu stecken; es muss nicht unbedingt die legendäre Million sein. Steter Tropfen höhlt den Stein, und Kleinvieh macht auch Mist.

Sie können Ihren Sparplan einmal organisieren und die Sache vergessen. Und sich dann Jahre später über eine schöne Summe freuen. Auch 100 Mark, regelmäßig jeden Monat gespart, bringen viel. Nach zehn Jahren werden daraus bei 7 Prozent über 17000 Mark, nach 30 Jahren sogar über 117000 Mark. Mit 250 Mark monatlich hat man bei gleicher Verzinsung schon nach fünf Jahren über 17000 Mark zusammen. Wer sogar 400 Mark im Monat erübrigen kann, der bekommt bei einer Rendite von 7 Prozent nach zwölf Jahren fast 90000 und nach 30 Jahren fast eine halbe Million Mark heraus.

Bei diesen Summen kann man schon Lust am Sparen bekommen. Denn es tut nicht weh und hat praktisch keinen Konsumverzicht zur Folge. Kleine Beträge belasten das monatliche Haushaltsbudget kaum, laufen über Monate und Jahre einfach so mit und fallen mit der Zeit gar nicht mehr auf.

In solch kleinen Schritten kann jeder sparen: Berufsanfänger, junge Familien mit nur einem Gehalt, jeder, der einfach nicht mehr als 100 Mark im Monat beiseite legen kann. Und kommt dann durch eine Gehaltserhöhung oder einen Arbeitsplatzwechsel etwas mehr Geld auf das Konto, können die Ziele etwas höher gesteckt werden – müssen sie aber nicht.

Regelmäßiges Sparen oder Anlegen ist nicht nur notwendig, um einen Notgroschen, ein gewisses Vermögen oder die Altersvorsorge aufzubauen. Wer plant, einmal eine Immobilie sein Eigen zu nennen, braucht dafür zwingend Eigenkapital. Schließlich sollten auch die regelmäßig anlegen, die sich ansonsten mit riskanteren Finanzangelegenheiten beschäftigen. Hier können sie sich ein sicheres Fundament für ihre heikleren Geschäfte schaffen.

Und mit regelmäßigen Geldanlagen ist das Sparen einfacher. Nur einmal muss man sich darum kümmern, nur einmal sich dazu überwinden. Danach ist es keine Frage der Selbstdisziplin mehr.

Denken Sie an Ihre Altersversorgung. Die durchschnittliche gesetzliche Rente beträgt zurzeit etwa 2000 Mark im Monat. Wer insgesamt 45 Jahre den jeweiligen Höchstbeitrag von derzeit rund 830 Mark im Monat in die Rentenkasse eingezahlt hat, muss sich trotz des Arbeitgeberanteils in gleicher Höhe mit einer Altersrente von 3500 Mark zufrieden geben. Dass diese Werte in Zukunft stabil bleiben, ist unwahrscheinlich.

Angesichts solch düsterer Aussichten bleibt nur die Hilfe zur Selbsthilfe. Schließlich muss demnächst jeder noch mehr sparen: für die staatlich verordnete private Altersvorsorge. Um die arg gebeutelte Rentenkasse zu entlasten, werden die zukünftigen Rentenempfänger an die Kandare genommen und müssen noch mehr selbst zu ihrem späteren regelmäßigen Einkommen beitragen. Geplant sind zudem staatliche Zuschüsse für bestimmte Einkommensklassen. Wie sich das alles in Zukunft im Einzelnen darstellen wird, ist zurzeit in den zuständigen Gremien in Berlin noch umstritten. Für jeden Privatmenschen und zukünftigen Rentier heißt es aber auf jeden Fall: mehr sparen, und das am besten regelmäßig.

Erfreulicherweise werden die Deutschen immer zinsbewusster und bauen kaum noch auf den Geldvernichter Sparbuch. Ende 1998 lagerten dort nach Auskunft des Bundesverbandes Deutscher Banken in Berlin fast 30 Milliarden Mark. Ein Jahr später waren es dagegen nur noch 12 Milliarden Mark.

Insgesamt gesehen hatten die Deutschen noch nie so viel Geld auf der hohen Kante wie am Ende des vergangenen Jahrtausends: 6 749 Milliarden Mark betrug das private Geldvermögen 1999. Damit stieg es seit 1992 um die Hälfte. Diese Entwicklung gilt für alle Anlageformen.

Das Geldvermögen der privaten Haushalte in Deutschland

Am Jahresende	Vermögen in Mrd. DM	
1992	4115	(entspricht 115 300 DM je Haushalt)
1993	4540	
1994	4768	
1995	5129	
1996	5474	
1997	5905	
1998	6275	
1999	6749	(entspricht 179 000 Mark je Haushalt)

Die Aufteilung des Geldvermögens

Anlageform	1992 in Mrd. DM	1999 in Mrd. DM
Spareinlagen, Sparbriefe, Termineinlagen, Sichteinlagen	1775	2272
Geldanlagen bei Versicherungen	848	1570
Investmentfonds	213	760
festverzinsliche Wertpapiere	555	722
Aktien	181	635
Bausparkassen	143	184

Quelle: Deutsche Bundesbank für 1999, veröffentlicht Mai 2000

Sparplan 100 Mark

Anlageergebnis in DM bei einer Einzahlung von monatlich 100 DM und einer angenommenen Rendite von 4, 6, 8 bzw. 10 Prozent

	1 Jahr	5 Jahre	10 Jahre	20 Jahre	25 Jahre	30 Jahre
4%	1226	6640	14719	36508	51058	68760
6%	1246	7163	17208	51060	78777	117651
8%	1252	7345	18137	57294	91529	141831
10%	1265	7723	20161	72453	124409	208085

Sparplan 250 Mark

Anlageergebnis bei einer Einzahlung von monatlich 250 DM

	1 Jahr	5 Jahre	10 Jahre	20 Jahre	25 Jahre	30 Jahre
4%	3065	16601	36799	91270	127645	171900
6%	3098	17461	40828	113943	169943	244883
8%	3130	18362	45343	143235	228822	354576
10%	3163	19307	50402	181132	311023	520212

Sparplan 400 Mark

Anlageergebnis bei einer Einzahlung von monatlich 400 DM

	1 Jahr	5 Jahre	10 Jahre	20 Jahre	25 Jahre	30 Jahre
4%	4904	26562	58878	146032	204232	275041
6%	4956	27681	65324	182309	271909	391812
8%	5008	29380	72549	229176	366115	567322
10%	5060	30892	80643	289811	497636	832340

Auch wenn es für viele auf den ersten Blick so aussehen mag, regelmäßige Sparanlage muss nicht langweilig sein. Sie ist vielmehr so bunt wie die großen Wünsche, die Sie sich dadurch erfüllen können: eine Auszeit vom Beruf, ein Traumurlaub oder der frühe Ausstieg aus dem Berufsleben.

Planen Sie also, wann Sie welche Summe brauchen. Und schauen Sie in den Tabellen nach, wie viel Sie wie lange anlegen müssen, um ein bestimmtes Sparziel zu erreichen.

Nun haben Sie eine ungefähre Vorstellung davon, was Sie monatlich für Ihre Ziele anlegen müssen. Dieses Buch hilft Ihnen bei der Umsetzung.

Es behandelt folgende Themen:

- Wie plane ich meine Geldanlage?
- Welche Finanzprodukte sind sinnvoll?
- Welche Bankform ist am günstigsten?
- Was ist beim Vermögensbaustein Immobilie zu beachten?
- Wie erkenne ich eine gute Anlageberatung?
- Was gibt der Staat zur Vermögensbildung dazu?
- Wie vermeide ich Steuern auf Anlageerträge?

Viel Spaß und Erfolg beim regelmäßigen Sparen und Anlegen! Und denken Sie daran: Steter Tropfen höhlt den Stein.

Ihre *Sabine T. Ruh*
im September 2000

2
Ein Finanzplan fürs Leben

Schon mit 50 oder 100 Mark monatlich kann man auf längere Sicht einen annehmbaren Betrag erreichen. Jeder Haushalt kann monatlich einen kleinen Betrag abzweigen. Das gilt auch für knappe Budgets, doch je enger der finanzielle Spielraum ist, desto wichtiger wird der Überblick über Einnahmen und Ausgaben. Deswegen ist die Grundlage für Ihre Spar-Zukunft ein Budget-Check.

Am Anfang steht die Bestandsaufnahme. In Ihren Haushaltsfinanzplan tragen Sie Monat für Monat alle Einnahmen und Ausgaben ein – den Wocheneinkauf, die Beiträge an Versicherungen, Miete und Wohnnebenkosten genauso wie Anschaffungen und Ratenzahlungen. Sie sollten es sich zur Gewohnheit machen, mindestens zwei bis drei Mal in der Woche alle Zahlungsbelege der letzten Tage zur Hand zu nehmen und die Beträge in die jeweilige Spalte einzutragen.

Ihre persönlichen Ausgaben

Ernährung:
Essen, Trinken, Kantine, Schulessen, Restaurantbesuche ______

Wohnung:
Miete, Hypotheken, Nebenkosten, Heizung, Strom, Wasserver- und Abwasserentsorgung, Müllabfuhr, Telefon ______

Freizeit:
Hobby, Sport, Kino, Zeitschriften, Internetgebühren ______

Bekleidung: Anschaffungen, Reinigung, Reparatur	______
Hygiene und Gesundheit: Friseur, Körperpflege, Kosmetika, Arzt, Wasch-, Reinigungsmittel	______
Versicherungen: alle außer Kfz-Versicherungen	______
Anschaffungen: Möbel, Haushaltsgeräte, Reparaturen, Ratenzahlungen	______
Auto: Versicherung, Benzin, Garage, Steuer, Leasing, Parken	______
Geldanlage: regelmäßiges Anlegen in Sparformen oder Investmentfonds	______
Einnahmen: Gehalt, Lohn, Kindergeld, Rente, Unterhalt	______
Ausgaben-Summe	– ______
Monatsabschluss =	______

☞ Bei der Verbraucherzentrale können Sie für 10 Mark »Das Haushaltsbuch« erstehen, in dem alle Einnahmen und Ausgaben eines Jahres eingetragen werden können. Darüber hinaus enthält es viele praktische Tabellen zur Jahresübersicht, zum Energie- und Wasserverbrauch, zu Zahlungsverpflichtungen und zur Rücklagenbildung.

Mit einem Haushaltsfinanzplan unternehmen Sie den ersten Schritt zu Überblick und Ordnung bei Ihren häuslichen Finanzen. Nach einigen Monaten zeichnen sich die Tendenzen ab. Nun sehen Sie, wohin Ihr Geld verschwindet. Dabei dürften einige Überraschungen auf Sie zukommen. Tatsächlich so viel für das Auto? Ist das Budget für Kleidung in dieser Höhe nötig? Ist Freizeit so teuer? Kommt wirklich so viel für Versicherungen zusammen?

Haushaltsfinanzen

Es gibt keine großen einzelnen Einsparpotenziale. Nur viele kleine Sparposten. Dabei ist es eigentlich ganz einfach: Wo das meiste Geld ausgegeben wird, lässt sich auch am besten reduzieren. Und die größten Posten sind meist Essen und Trinken, Kleidung, Auto und Versicherungen. Während man bei den ersten beiden Kostenblöcken im Alltag Verzicht üben muss, sind beim fahrbaren Untersatz und beim Versicherungsschutz strategische Überlegungen notwendig. Am meisten spart man beim PKW, wenn man ihn nicht per Raten zahlt und die gefahrenen Kilometer reduziert. Vielleicht ist es auch möglich, auf den Zweitwagen oder gar auf das Auto überhaupt zu verzichten.

Verzicht fällt bei Versicherungen leichter, weil man keine Einschränkungen spürt und weil viele davon überflüssig sind. Durch Preisvergleiche und die Kündigung unnötiger Policen lässt sich einiges sparen. Denn die eigentliche Aufgabe von richtigen und angemessenen Versicherungen ist, gegen nicht vorhersehbare und große Schadensereignisse finanziellen Schutz zu bieten. Damit wird klar, dass beispielsweise eine Glasversicherung unnötig ist. Mehr zum Bereich Versicherung finden Sie im Abschnitt »Existenzabsicherung«.

Nach der Einsicht kommt die Planung. Dazu sollten Sie Ihren Privathaushalt wie ein Kleinunternehmen begreifen, steuern und managen. Denn jedes Unternehmen zieht Bilanz mit den Aktiva, dem Vermögen, und den Passiva, also den Forderungen und Schulden. Unternehmen erstellen einen jährlichen Budgetplan und überprüfen diesen per Controlling. Das lässt sich auf Ihr Unternehmen Privathaushalt übertragen. Erstellen Sie einen Jahresplan, indem Sie die größeren Ausgaben der nächsten zwölf Monate aufschreiben, soweit sie in Ihrem individuellen finanziellen Rahmen ins Gewicht fallen.

Kostenplanung also, die sich positiver auch mit Sparzielen beschreiben lässt. Sie haben nun die Übersicht bei Einnahmen und Ausgaben, Sparpotenziale ermöglichen, dass etwas (mehr) übrig bleibt. Planen Sie nahe und ferne Sparziele. Listen Sie auf, was Sie wann erreichen wollen: einen großen Urlaub, ein neues Auto, eine moderne Küche. Vielleicht wollen Sie sich in fünf Jahren selbstständig machen oder träumen von einer Weltreise zum vierzigsten Geburtstag des Lebenspartners. Kalkulieren Sie, was Sie für Ihr Ziel brauchen, rechnen Sie den Betrag auf die Ansparmonate herunter und bauen Sie die Sparrate fest in Ihren Jahresplan ein.

Beispiel:
Umsetzung persönlicher Sparziele

Ziel	**Kosten in DM**	**Zeitpunkt in Jahren**	**Sparrate pro Monat in DM**
Schrank	3000	1	240
PKW	40000	3	1000
Eigenkapital für Wohneigentum	100000	5	1500

Eine Strategie-Randnotiz für Ihren Jahresplan: Lassen Sie den Januar aus Ihren Sparplänen heraus. Denn typischerweise ist dies der Monat, in dem viele Zahlungen wie Vereinsbeiträge oder Versicherungen fällig sind. Und das hat bei Versicherungen auch Sinn, sind doch die Kosten für halb- oder vierteljährliche Zahlungen unakzeptabel höher. Verordnen Sie sich deshalb zu Beginn eines jeden Jahres eine Sparpause, kontrollieren Sie dafür den vergangenen Jahresplan und setzen Sie sich neue Sparziele.

Ihr Finanzplan fürs Leben

Ein funktionierender Haushaltsfinanzplan ist nur der erste Schritt. Es reicht nicht, nur die nächsten Monate zu überblicken. Sie brauchen einen Finanzplan für das ganze Leben, um ihre Existenz abzusichern und Vermögen für die Altersvorsorge aufzubauen.

Meist sind unsere Geldanlagen und der Versicherungsschutz vom Prinzip Zufall gelenkt. Aber wenn es um Ihren Wohlstand geht, sollten Sie gezielt vorgehen. Dabei kann nicht jede Empfehlung für alle gelten. Denn der individuelle Finanzplan ist abhängig von der momentanen Lebensphase und der familiären Situation. Und da sich diese Faktoren bekanntlich schnell ändern können, sollte man ihn einmal im Jahr überprüfen.

Wer braucht was – Finanzplan für verschiedene Lebensphasen

In Stichworten ist hier aufgelistet, was man in welcher Lebensphase zur Existenzabsicherung und zur Alterssicherung haben oder tun sollte.

- **Junge Singles:**
  Berufsunfähigkeitsversicherung
  Privathaftpflichtversicherung
  Notreserve von 2 bis 3 Monatsnettogehältern
  Aufbau von Eigenkapital durch Sparen
- **Eheliche oder eheähnliche Gemeinschaften:**
  Berufsunfähigkeitsversicherung, evtl. von beiden Partnern
  Privathaftpflichtversicherung
  Unfallversicherung für Hausfrau/mann
  Notreserve von 2 bis 3 Monatsnettogehältern
  Aufbau von Eigenkapital durch Sparen
  evtl. Kapitallebensversicherung
  evtl. Erwerb einer eigengenutzten Immobilie
- **Familie mit kleinen Kindern:**
  Berufsunfähigkeitsversicherung des Hauptverdieners
  Privathaftpflichtversicherung
  Risikolebensversicherung des Hauptverdieners
  Notreserve von 2 bis 3 Monatsnettogehältern

Aufbau von Eigenkapital durch Sparen
Kinderunfallversicherung
Unfallversicherung für Hausfrau/mann
evtl. Erwerb einer eigengenutzten Immobilie

- **Allein Erziehende:**
  Berufsunfähigkeitsversicherung
  oder Unfallversicherung für Hausfrau/mann
  Privathaftpflichtversicherung
  Risikolebensversicherung
  Kinderunfallversicherung
  Notreserve von 2 bis 3 Monatsnettogehältern
  evtl. Kapitallebensversicherung

- **Familie mit älteren Kindern:**
  Berufsunfähigkeitsversicherung
  Privathaftpflichtversicherung
  Risikolebensversicherung
  Notreserve von 2 bis 3 Monatsnettogehältern
  Kinderunfallversicherung
  Unfallversicherung für Hausfrau/mann
  Sparen auf Sondertilgungstermine der eigengenutzten Immobilie

- **Kinder aus dem Haus:**
  Privathaftpflichtversicherung
  Notreserve von 2 bis 3 Monatsnettogehältern
  Sparen auf Sondertilgungstermine der eigengenutzten Immobilie

- **Alter:**
  Privathaftpflichtversicherung

Quelle: Sabine T. Ruh, Plusminus-Ratgeber Altersvorsorge, 1999

Existenzabsicherung

Schicksalsschlägen kann man nicht ausweichen. Aber man kann vorsorgen, damit aus der privaten Krise nicht auch noch ein finanzieller Schiffbruch wird. Denn im Notfall muss von der Substanz gelebt werden. Und die ist in jungen Haushalten normalerweise gar nicht, in älteren oft nur sehr gering vorhanden. In schlechten Zeiten auf den Staat zu hoffen ist nicht empfehlenswert, fallen doch die gesetzlichen Renten grundsätzlich niedrig aus oder werden gar zusammengestrichen. Deswegen müssen Sie sich gegen Existenzrisiken selbst absichern. Jeder Berufstätige, der für seinen Lebensunterhalt arbeiten muss, benötigt eine private Berufsunfähigkeitsversicherung, denn die staatliche ist zu Beginn des Jahres 2001 entfallen. Wem das nicht möglich ist, der sollte wenigstens eine Unfallversicherung unterschreiben. Wirklich jeder braucht dagegen eine Privathaftpflichtversicherung. Und zur finanziellen Absicherung der Familie im Todesfall des Hauptverdieners ist eine Risikolebensversicherung unentbehrlich. Der frühe Tod des Ernährers kann die Angehörigen ansonsten zum Sozialfall machen.

Private Berufsunfähigkeitsversicherung

Seit dem Jahr 2000 gibt es keine gesetzliche Berufsunfähigkeitsversicherung mehr. Nach dem Rentenreformgesetz 1999 existiert jetzt nur noch eine Erwerbsminderungsrente. Diese entspricht in etwa 60 Prozent der Altersrente, die der Invalide erreicht hätte, wenn er bis zum 57. Lebensjahr gearbeitet und Rentenversicherungsbeiträge gezahlt hätte.

Berufsunfähigkeit

Definition nach § 2 der *Allgemeinen Bedingungen für die Berufsunfähigkeitsversicherung*: »Vollständige Berufsunfähigkeit liegt vor, wenn der Versicherte infolge von Krankheit, Körperverletzung oder Kräftezerfall, die ärztlich nachzuweisen sind, voraussichtlich dauerhaft außerstande ist, seinen Beruf oder eine andere Tätigkeit auszuüben, die aufgrund seiner Ausbildung und Erfahrung ausgeübt werden kann und seiner bisherigen Lebenseinstellung entspricht.«

Spätestens jetzt sollten Sie also eine private Berufsunfähigkeitsversicherung abschließen. Denn das Risiko ist hoch: Jeder fünfte Erwerbstätige wird vor dem 65. Lebensjahr berufsunfähig, wie die Rentenversicherungsträger ermittelten. Und zwar meistens durch Krankheit, nur selten durch Unfälle (5 Prozent). Eine private Berufsunfähigkeitsversicherung wird für einen bestimmten Zeitraum abgeschlossen, innerhalb dessen bei Verlust der Arbeitskraft – egal ob durch Krankheit oder Unfall – eine monatliche Rente gezahlt wird, und zwar unabhängig von sonstigen Einkünften. Wird die Berufsunfähigkeit als voraussichtlich dauernd eingestuft, hat der Versicherte Anspruch auf Leistungen. Dann überweist die Versicherungsgesellschaft die Berufsunfähigkeitsrente ab dem siebten Krankheitsmonat bis zum Ablauf der Versicherung.

Die Höhe Ihres Bedarfs können Sie anhand einer Faustregel ermitteln: Sind Sie jung, sollten Sie das halbe Monatseinkommen, mindestens aber 1000 Mark im Monat als Rente versichern. Familien dagegen benötigen mindestens 3000 Mark Monatsrente. Im mittleren Lebensalter sollte ein Drittel des monatlichen Nettoeinkommens als Monatsrente versichert werden.

Frauen müssen anders kalkulieren, weil sie ein Drittel mehr an Beiträgen zu zahlen haben. Sie sollten dieses Risiko nur dann mit einer Berufsunfähigkeitsversicherung abfedern, wenn sie allein stehend sind.

Beim Abschluss einer privaten Berufsunfähigkeitsversicherung kann zwischen Pauschal- oder Staffelregelung gewählt werden. Pauschalregelung bedeutet, dass der Versicherer die vereinbarte Rente ab 50 oder mehr Prozent Berufsunfähigkeit zu zahlen hat. Ein Alles-oder-nichts-Prinzip. Bei der Staffelregelung dagegen wird die gestaffelte Leistung je nach Vereinbarung erbracht. Bei 25 oder 33 Prozent Berufsunfähigkeit erhält der Betroffene 25 beziehungsweise 33 Prozent anteilige Rente. Erst bei 66 beziehungsweise 75 Prozent kommt die volle Rentenleistung zum Tragen.

Die Staffelregelung dürfte für die meisten Versicherten das günstigste Modell sein. Denn die Erfahrung zeigt, dass die Mehrzahl der Berufsunfähigkeiten keinen hohen Prozentsatz erreichen. Zudem wächst die Rente mit, wenn sich der Gesundheitszustand verschlechtert.

Wofür man sich entscheidet, hängt aber auch von dem Beruf ab, den man zuletzt ausgeübt hat. Grundsätzlich ist die Pauschregelung empfehlenswert, wenn man einen spezialisierten Beruf hat, und die Staffelregelung, wenn man eine ungelernte, angelernte oder wenig spezialisierte Tätigkeit ausübt.

Unfallversicherung

Mehr als die Hälfte aller Unfälle passiert in der Freizeit. Doch dann greift die gesetzliche Unfallversicherung nicht. Eine private Unfallversicherung dagegen, die eigentlich besser freiwillige Invaliditätsversicherung hieße, bietet Schutz rund um die Uhr, auf dem ganzen Globus und bei allen Gelegenheiten: bei der Arbeit, in der Freizeit, beim Sport, im Straßenverkehr und im Haushalt. Auch bei einem selbst verschuldeten Unfall. Wer schon eine Berufsunfähigkeitsversicherung hat, ist ausreichend geschützt. Eine Unfallversicherung versichert weniger und kann deswegen immer nur zweite Wahl sein. Notwendig ist sie dagegen für Freiberufler, Hausfrauen und Kinder sowie für Berufstätige, die entweder keine oder nur eine teure Berufsunfähigkeitsversicherung bekommen.

Unfall

Definition laut *Allgemeine Bedingungen für Unfallversicherungen*: »Der Versicherte hat durch ein plötzlich von außen auf seinen Körper wirkendes Ereignis unfreiwillig eine Gesundheitsschädigung erlitten.«

Beim Abschluss sollte man grundsätzlich eine möglichst hohe, übrigens frei wählbare Invalidensumme vereinbaren. Denn dieses Geld muss für die Aufrechterhaltung Ihres Lebensstandards viele Jahre lang reichen. Faustregel: Die Versicherungssumme sollte das Fünffache des Jahreseinkommens betragen. Erst ab ungefähr 50 Jahren kann man sie verringern. Denn die gesetzlichen Rentenansprüche sind gestiegen, die Verpflichtungen gegenüber den Kindern haben abgenommen.

Zwei Vertragsmodelle sind bei der privaten Unfallversicherung üblich: das lineare und das proportionale. Beim linearen Modell wird nach einem Unfall je nach Höhe der Versicherungssumme und dem Grad der Invalidität gezahlt. Dieser Invaliditätsgrad wird per ärztlichem Gutachten spätestens 15 Monate nach dem Unfall festgestellt. Je bedürftiger, desto mehr Geld erhält der Versicherte, orientiert an einer so genannten Gliedertaxe (zum Beispiel Blindheit: Invaliditätsgrad von 100 Prozent, Verlust eines Auges: 50 Prozent, Verlust von Daumen und Zeigefinger: 30 Prozent).

Das ist sinnvoll, wenn man alle Unfälle, auch die kleinen, gleichermaßen absichern will. Auch die Statistik spricht dafür, denn 80 Prozent der Unfälle verursachen nur eine geringe Invalidität von 25 Prozent.

Einen deutlich besseren Schutz bei größeren Unfällen bietet das teurere Progressionsmodell. Hier steigt die Versicherungsleistung ab 26 Prozent Invaliditätsgrad überproportional. Bei einem Invaliditätsgrad ab 50 Prozent erhält der Versicherte die dreimalige Versicherungssumme, bei Vollinvalidität, also 100 Prozent, 225 bis 350 Prozent (je nach Vertrag) der Versicherungssumme als Entschädigung.

Die Unfallversicherer teilen die Berufe in zwei Gefahrengruppen ein. Büroarbeiter oder Hausfrauen/männer sind für sie mit weniger Unfallrisiko behaftet – Gruppe A. In die teurere Gruppe B kommen Berufskraftfahrer oder Handwerker. Sportler sollten ihre Hobbys der Versicherungsgesellschaft mitteilen. Diese versichern normalerweise keine gefährlichen Sportarten. Im Unglücksfalle stehen Sie dann ohne Versicherungsschutz da. Vereinbaren Sie besser entsprechende Zusatzbeiträge.

Privathaftpflichtversicherung

Die private Haftpflichtversicherung gehört in jeden kleinen Haushalt und erst recht in jeden großen mit Kindern. Ein Feuer, das sich durch Ihr Versehen auf ein größeres Wohnhaus ausbreitet, kann Ihren finanziellen Ruin bedeuten. Denn Sie haften voll für Schäden, die Sie anderen zufügen. Deswegen ist die Privathaftpflichtversicherung die wichtigste Versicherung für jeden Erwachsenen. Sozialämter zahlen diese Police sogar für Sozialhilfeempfänger.

Keine andere Versicherung bietet solch umfassenden Schutz gegen die größten Risiken des täglichen Lebens. Die Versicherung gilt für Familie oder Haushalt, also sind automatisch nicht-eheliche Partner und Kinder – bis inklusive der ersten Berufsausbildung, auch bei Wehr- und Ersatzdienst – mit versichert. Abgesichert sind beispielsweise die Ansprüche wegen Verletzung der Aufsichtspflicht bei Kindern, aber auch Schäden, die durch im Haushalt beschäftigte Personen wie Putzfrauen oder Aupairmädchen entstehen. Und zwar mit einer möglichst hohen Deckungssumme. Ein Pauschalbetrag von zwei Millionen Mark für Personen- und Sachschäden wird mittlerweile schon eher als Untergrenze gesehen. Im Gegensatz zu anderen Policen lohnt sich eine Selbstbeteiligung hier nicht. Die Beitragsersparnis ist zu gering. Eine Privathaftpflichtversicherung gilt übrigens weltweit. Auch wenn Sie als Urlauber einen Schaden anrichten, kommt dafür die Versicherung auf.

Risikolebensversicherung

Wer die Familie langfristig gut versorgt wissen will, der sollte eine Risikolebensversicherung abschließen, und zwar möglichst frühzeitig. Das ist auch empfehlenswert, wenn der nicht arbeitende Partner abgesichert werden soll.

Die Risikolebensversicherung ist eigentlich eine Hinterbliebenenversicherung, die im Todesfall einen hohen Kapitalbetrag auszahlt, und sie ist durchaus erschwinglich. Schon vom ersten Versicherungstag an ist die Versicherungssumme garantiert. Die vereinbarte Geldsumme gibt es allerdings nur, wenn man während der Vertragslaufzeit stirbt. Erlebt man dagegen ihren Ablauf, so erhält man – anders als bei der Kapital bildenden Lebensversicherung – keinen Pfennig zurück.

Die gesetzliche Rentenversicherung zahlt einer Witwe mit kleinen Kindern 60 Prozent der Rentenansprüche des Verstorbenen. Beim frühen Tod des Ehemannes, und dies sind in der Rentenlogik die ersten 20 Berufsjahre, hat sie sogar nur eine Mindestrente zu erwarten. Unter diesen Umständen ist eine zusätzliche private Absicherung unumgänglich. Die Versorgungslücke sollte durch eine Risikolebensversicherung geschlossen werden.

Die Höhe der nötigen Versicherungssumme muss auf die persönlichen familiären Bedürfnisse ausgerichtet sein. Eine hohe Auszahlung im Todesfall ist besonders für junge Familien wichtig, weil kleine Kinder zu versorgen sind und zudem lange Ausbildungszeiten finanziert werden sollen. Für eine Familie mit kleinen Kindern setze man das vier- bis fünffache, für eine mit größeren Kindern das dreifache Bruttojahreseinkommen an. Für einen nicht berufstätigen Ehe- oder Lebenspartner sollte man das zwei- oder dreifache Bruttojahreseinkommen als Versicherungssumme festlegen. In absoluten Zahlen ausgedrückt: Paare, bei denen einer nicht versicherungspflichtig tätig ist, sollten eine Versicherungssumme von etwa 200000 Mark wählen, Paare mit Kindern 400000 Mark. Die Standard-Deckungssumme von 100000 Mark ist in jedem Fall zu niedrig.

Neben der Höhe der Versicherungssumme ist beim Abschluss einer Risikolebensversicherung die Laufzeit festzulegen. Für die meisten dürfte ein Laufzeitende mit 50 bis 55 Jahren die richtige Wahl sein. In diesem Lebensalter sind die Kinder meist aus dem Haus, hat man akzeptable Rentenansprüche und zudem ein mehr oder weniger großes Vermögen angesammelt.

Beim Abschluss der Risikolebensversicherung müssen Sie über die Form der Gewinnbeteiligung, auch Überschussbeteiligung genannt, entscheiden. Zum Berechnen der Beträge gehen die Versicherungsgesellschaften nämlich von der allgemeinen Sterbewahrscheinlichkeit der Gesamtbevölkerung aus. Diese Zahlen entsprechen aber nicht der tatsächlichen Sterblichkeit der Versicherten. Diese liegt in Wahrheit bis zu 60 Prozent niedriger, weil Kranke bei der Antragsprüfung ausgesiebt werden. So erzielen die Versicherer von vornherein einen Sicherheitszuschlag. Versicherer kalkulieren nun mal vorsichtig. Da also weniger Versicherte sterben, entstehen Gewinne oder Überschüsse, an denen die Versicherungskunden beteiligt werden müssen.

Bevor eine Risikolebensversicherung in Kraft treten kann, wird eine Gesundheitsprüfung durchgeführt. Obwohl Kranke oft höhere Beiträge zahlen oder erst gar nicht aufgenommen werden, gilt: Schummeln lohnt sich nicht. Im Zweifelsfalle steht Ihre Familie dann ohne die gewünschte Kapitalspritze da. Denn bei falschen Angaben können Versicherungsgesellschaften noch drei bis zehn Jahre nach Abschluss vom Vertrag zurücktreten.

Empfehlenswert ist die Kombination der Risikolebensversicherung mit einer privaten Berufsunfähigkeitszusatzversicherung (BUZ). Das Doppel ist meist billiger als die Einzelpolicen zu haben.

Vermögensaufbau und Altersvorsorge

Wie man Sparziele erreicht und in einen Haushaltsfinanzplan integriert, haben wir schon zu Beginn des Kapitels erörtert. Nun steht der eher abstrakte Vermögensaufbau im Vordergrund. Solide gebaut, kann er das sichere Fundament für Ihre Altersvorsorge sein.

Dazu benötigen Sie zunächst eine Bestandsanalyse des Vermögens. Denn jeder hat die eine oder andere Geldanlage, hier eine kleine Lebensversicherung, dort ein paar Aktien oder Bundesschatzbriefe angesammelt. Ohne Strategie, meist zufällig erworben. Doch die Bestandsaufnahme ist erst komplett, wenn auch die Soll-Seite detailliert gelistet wird: laufende Raten- oder Hypothekenkredite.

Mit der folgenden Liste verschaffen Sie sich einen Überblick und stellen Ihre schon vorhandenen Vermögensanlagen zusammen. Nun notieren Sie außerdem, welche Anlagen monatliche Einnahmen wie Miete bringen, und welche erst durch Verkauf verfügbar werden. Auch ist es sinnvoll, sich neben den Ein- und Auszahlungssummen die Laufzeit, etwa einer Kapitallebensversicherung, zu notieren.

Ergänzen Sie die Checkliste gegebenenfalls um weitere Vermögensbestandteile, und ermitteln Sie Ihren Vermögensbestand jährlich einmal neu. Es ist eine Freude zu beobachten, wie Ihr Vermögen wächst und wächst.

Ganz nebenbei können Sie einen Kardinalfehler bei Finanzanlagen erkennen und damit ausmerzen. Häufig tilgen Verbraucher die Schulden eines Hypothekenkredits mit einem Effektivzins von 8,5 Prozent und legen parallel in Lebensversicherungen oder Investmentfonds an, die nur eine Rendite von vielleicht 6 Prozent bringen. Sollte Ihnen eine solche Diskrepanz auffallen, werden Sie aktiv: Kündigen Sie die schlecht rentierlichen Geldanlagen zum passenden Zeitpunkt, um (Sonder-)Tilgungen Ihres Hypothekenkredits zu tätigen.

Bestandsaufnahme Ihres Vermögens

Anlageart	Wert	Wert der monatlichen Einnahmen	Wert bei Verkauf	Fälligkeit
Liquides Vermögen Girokonto, Festgeld Sparbuch, Sparbrief Bundesschatzbriefe Anleihen, Renten Aktien				
Investmentfonds Aktienfonds Rentenfonds offene Immobilienfonds				
Nicht-liquides Vermögen Kapitallebensversicherung (Rückkaufswert) Bausparvertrag vermietete Immobilien selbst genutzte Immobilien Edelmetalle, Schmuck Sammlungen				
Schulden Dispositionskredit Girokonto Kredit bei Kreditkarten Ratenkredite Hypothekendarlehen Bauspardarlehen				
Endvermögen				

Sichere und Gewinn bringende Geldanlagen sind erforderlich für Ihre private Altersvorsorge. Denn Sie sollen ja die Versorgungslücke füllen, die zwischen der tatsächlich verfügbaren Rente und dem eigentlich für die Lebenshaltung notwendigen Betrag klafft.

So errechnen Sie Ihre Versorgungslücke im Alter

Bedarf im Rentenalter: gewünschtes monatliches Einkommen im Alter = Betrag 1		______	Mark
Kalkulierte gesetzliche Rente		______	Mark
Rente aus der betrieblichen Altersvorsorge	+	______	Mark
Pension (für Beamte)	+	______	Mark
Zukünftige monatliche Einnahmen aus bereits vorhandenen Vermögensanlagen	+	______	Mark
Betrag 2	=	______	Mark
Betrag 1 – Betrag 2 = monatliche Versorgungslücke/-situation		______	Mark

Quelle: Sabine T. Ruh, Plusminus-Ratgeber Altersvorsorge, 1999

Haben Sie eine Versorgungslücke von 500 Mark festgestellt? Dann benötigen Sie, ausgehend von der statistischen Lebenserwartung beim Eintritt ins Rentenalter, zum Rentenbeginn 100 000 Mark. Doch wie viel man sparen muss, um diese Summe zu erzielen, wissen die wenigsten.

So verstehen Sie die Tabelle: Sie sind mit 25 Jahren ein Frühstarter in punkto Altersvorsorge. Weil Sie 40 Jahre lang ansparen können, benötigen Sie auch nur 50 Mark im Monat, um mit 65 Jahren 100 000 Mark zur Verfügung zu haben. Daraus können Sie sich selbst 500 Mark Rente jeden Monat auszahlen.

Nun haben Sie ein Gefühl dafür, welche Summen zu sparen sind, damit Sie im Alter auf einem schönen Polster ruhen können. Und Sie wissen nun auch, wie man große Beträge zusammenbringt: nämlich Monat für Monat sparen. Wer sich dafür als zu undiszipliniert empfindet, der sollte sich selbst überlisten. Sparen Sie mit einem Dauer-

Monatliche Sparbeträge bei einer zu erwartenden Versorgungslücke von 500 Mark pro Monat
(Inflation ist nicht berücksichtigt. Zins: 6 Prozent)

Sparbeginn (Alter)	Spardauer in Jahren	Sparbetrag pro Monat in DM
mit 25	40	50
mit 30	35	70
mit 35	30	100
mit 40	25	150
mit 45	20	220
mit 50	15	350
mit 55	10	610
mit 60	5	1 500

auftrag, der monatliche Abbuchungen vorsieht. Nutzen Sie Sparpläne der Banken oder investieren Sie regelmäßig in Investmentfonds. Im Kapitel »Finanzprodukte im Überblick« gibt es dazu weitere Erläuterungen.

Doch wie viel soll man sparen? Die Sparquote der Deutschen liegt momentan bei 10 Prozent. Das ist also gut ein Groschen pro Mark. Anders gerechnet: ein Zehntel des durchschnittlichen Nettogehaltes. Prüfen Sie daraufhin Ihren Haushaltsfinanzplan. Und versuchen Sie, die 10-Prozent-Marke zu erreichen oder gar zu übertreffen.

Nur durch regelmäßiges Sparen kommen Sie zu Vermögen. Und das entsteht nun mal nicht durch Steuertricks oder Gehaltssprünge. Denn mit steigendem Gehalt steigt auch der Lebensstandard. Sinnvoll ist es zudem, Steuerrückzahlungen, Urlaubs- und Weihnachtsgeld gezielt einzusetzen und nicht in den allgemeinen Haushaltstopf zu werfen. Denn in den anderen Monaten müssen Sie ja auch mit weniger auskommen. Auch die Gehaltserhöhung nutzen Sie: Zur Hälfte erweitert sie Ihren Spielraum in der Haushaltskasse – als Belohnung für gute Arbeit im Job. Die andere Hälfte legen Sie regelmäßig an.

Und das kurz- und langfristig. Denn ein geschickter Vermögensaufbauplan kombiniert unterschiedlich lange Laufzeiten der Geldanlagen miteinander. Ein Teil des Geldmanagements besteht darin, Liquidität zu halten – als Reserve für Notfälle, wie eine Reparatur am Auto oder am Haus. Und das am besten auf einem Tages- oder Festgeldkonto. Zudem sollte Ihre private Vermögensplanung mittel- und langfristige Anlageformen enthalten. Zu den einzelnen Geldanlagen finden Sie Erklärungen und strategische Tipps im nächsten Kapitel.

3
Finanzprodukte im Überblick

Auch mit kleinen Schritten kommt man ans Ziel. Auch aus vielen geringen Geldbeträgen entsteht mit der Zeit eine interessante Summe. In diesem Kapitel werden Ihnen nun die Geldanlagemöglichkeiten vorgestellt, mit denen Sie sich Monat für Monat ein kleines Vermögen zusammensparen.

Banksparpläne

Jeden Monat einen Betrag sparen, der nicht wehtut, und nach ein paar Jahren über ein hübsches Sümmchen verfügen, auf das die Bank noch ein Sahnehäubchen setzt. So denkt sich das der deutsche Michel. Doch vor das Vergnügen haben Banken und Sparkassen die Arbeit gesetzt: das Vergleichen und Verstehen der sehr unterschiedlichen Sparplan-Angebote. Denn die Produktstrategen der Banken und Sparkassen basteln komplizierte Gebilde.

Sie nennen sich Wachstums- oder Zuwachssparen, Extra- oder gar Turbosparen. Immer geht es darum, einen bestimmten Betrag über eine lange Zeit, meist acht bis 25 Jahre, regelmäßig Monat für Monat zur Seite zu legen. Zugegeben, die Modellrechnungen für die verschiedenen Laufzeiten, die die Bankmitarbeiter aus der Schublade ziehen, wirken beeindruckend. Doch damit sind die Gemeinsamkeiten auch schon erschöpft.

Möglich ist oftmals eine Dynamisierung – der Betrag der regelmäßigen Zahlungen wird dann Jahr für Jahr um einen bestimmten Prozentsatz erhöht.

Gerade bei langfristigen Sparplänen ködern Banken und Sparkassen die Kunden gern mit Bonusversprechungen von 40 oder gar 110 Prozent. Doch worauf gibt es den verlockenden Bonus? Denn die Rendite setzt sich aus der laufenden Grundverzinsung – womöglich noch variabel – und der Bonuszahlung zusammen.

Bonusvarianten – oft leere Versprechungen

Bonus auf Endguthaben	gut
Bonus auf Sparleistung – auf das, was in den Jahren tatsächlich von Ihnen eingezahlt wurde	akzeptabel
Bonus auf Einzahlungen des letzten Jahres	schlecht
Bonus auf Zinsen	schlecht

Die Verzinsungen der unterschiedlichen Angebote sind deswegen schwer zu vergleichen. Dem Sparer bleibt da nur genaues Nachfragen nach der Rendite oder dem Effektivzins des jeweiligen Angebots. Erst diese Auskunft gibt Aufschluss darüber, wo Sie Ihr Geld am besten anlegen. Und trotz Boni sind von Sparplänen keine Renditewunder zu erwarten. Selbst bei längeren Laufzeiten scheuen sich Kreditinstitute nicht, eine 4 vor dem Komma anzubieten (Stand: August 2000).

Der Vorteil dieser Bankprodukte ist ihre Sicherheit. Doch die jeweiligen Bankberater kennen und empfehlen einzig die eigenen Produkte. Ob dies ein gutes oder weniger gutes Angebot ist, verschweigen sie dezent. Den besten Sparplan auf dem Markt kennen sie ohnehin nicht. Hier hilft nur, sich selbst zu informieren. Vergleichen Sie unbedingt verschiedene Angebote.

Die deutschen Sparer sind durch die niedrige Verzinsung der letzten Jahre stark gebeutelt. Doch mittlerweile ziehen die Zinsen wieder an. Gerade bei langfristigem Sparen sind attraktive Renditen wichtig. Deswegen ist es sinnvoll, in der momentan für Sparer schwierigen Phase der steigenden Zinsen variabel verzinste Sparpläne vorzuziehen – um die Chancen des steigenden Zinsniveaus nutzen zu können.

Prinzipiell sollte man in Niedrigzinsphasen keine langfristigen

Sparverträge mit festen Zinsen abschließen. Hier ist Flexibilität von Vorteil. Dagegen sollte man in Hochzinsphasen Laufzeiten über viele Jahre vereinbaren.

Checkliste: So finden Sie das beste Sparplanangebot

- Wie hoch ist die Grundverzinsung?
- Für welche Laufzeiten?
- Wie sind die Ausstiegsmöglichkeiten?
- Welche Kündigungsfrist ist zu beachten?
- Worauf wird der Bonus gezahlt?
- Ändert sich die Höhe der Bonuszahlung während der Laufzeit?
- Wie wirkt sich eine vorzeitige Kündigung auf Grundverzinsung und Bonus aus?
- Berechnet die Bank Vorschusszinsen bei vorzeitiger Kündigung?
- Gibt es eine automatische Fälligkeit am Ende der Laufzeit? Oder muss nach Ablauf der regulären Sparzeit gekündigt werden?
- Wie lange dauert die Sperrfrist nach Sparende?

Vor- und Nachteile von Sparplänen

Vorteile	**Nachteile**
Sicherheit der Geldanlage Meist liegen die Erträge von vorneherein fest. Sparpläne disziplinieren zum Sparen.	Sparpläne sind unflexibel durch die langen Laufzeiten und fehlende Kündigungsmöglichkeiten. Sie bringen nur selten akzeptable Zinsen. Bei vorzeitigem Ausstieg entfallen Zinsvorteile. Wenn der Steuerfreibetrag durch die Zinserträge überschritten wird, sind Bonusvarianten nicht empfehlenswert.

Pfandbriefe

Mausgrau sind Pfandbriefe schon seit einiger Zeit nicht mehr. Im Gegenteil: Sie erleben aus guten Gründen derzeit eine Renaissance.

Pfandbriefe sind eine typisch preußische Erfindung von Friedrich dem Großen aus dem Jahr 1771: traditionell, grundsolide und unauffällig. Zudem zählen sie zu den bevorzugten mündelsicheren Anlagepapieren.

Pfandbriefe gehören zu den festverzinslichen Wertpapieren, bei denen – wie der Name schon sagt – der Zinssatz von vornherein feststeht und für die gesamte, ebenfalls festgelegte Laufzeit gilt. Bei diesen Papieren kennt der Anleger also auch den Fälligkeitstag, an dem er sein Kapital zurückerhält. Denn die Besitzer eines Pfandbriefes sind Gläubiger, die dem Herausgeber oder Emittenten des Wertpapiers durch den Kauf ein gewisses monetäres Volumen zu Verfügung stellen. Sie verschaffen ihm also ein Darlehen. Als Gegenleistung bekommt man einen über die gesamte Laufzeit festgeschriebenen, unveränderlichen und regelmäßigen Zins. Deshalb heißen solche Papiere auch Renten (der Begriff wird nur im Plural benutzt). Verzinsung und Rücknahme des Schuldscheines sind nach Ablauf der entsprechenden Bindungszeit zum vollen Nennwert garantiert. Damit kann der Anleger den Ertrag im Voraus kalkulieren. Festverzinsliche Wertpapiere werden auch als Anleihen oder Obligationen bezeichnet.

Pfandbriefe sind durch ein Pfand gesichert. Das ist ein verbrieftes Recht an Grund und Boden (Hypothek). Sie werden nur von so genannten Realkreditinstituten wie privaten Hypothekenbanken und öffentlich-rechtlichen Grundkreditanstalten ausgegeben. Mit dem geliehenen Geld finanzieren sie Hypothekenkredite für Immobilienkäufer und Kredite für Kommunen.

Pfandbriefe werden an der Börse gehandelt, und ihr Kurswert wird täglich festgelegt. Dieser Wert schwankt aufgrund von Angebot und Nachfrage, der allgemeinen Zinsentwicklung des Kapitalmarktes und den Inflationserwartungen. Anleger können die Entwicklung börsentäglich am PEX ablesen, dem Index für Pfandbriefe. Dies ist der jüngste Index am Rentenmarkt. Er wurde im April 1995 vom Verband Deutscher Hypothekenbanken und dem Verband öffentlicher Banken aufgelegt. Die Berechnung ist so ausgestaltet, dass die Kursentwicklung als repräsentativ für den deutschen Rentenmarkt gelten kann. Neben dem PEX wird auch der PEXP, der Performanceindex, börsentäglich errechnet. Während der PEX lediglich die Entwicklung der Kurse betrachtet, misst der Performanceindex die Wertentwicklung, also die Performance, indem er auch die Erträge berücksichtigt.

Ein entscheidendes Merkmal der Pfandbriefe ist ihre Sicherheit. Die Pfandbriefinstitute, die in Deutschland nach strengen gesetzlichen Regeln tätig sind, bieten mit ihren Produkten im internationalen Vergleich einen hohen Anlegerschutz. Die Papiere sind durch die vorgeschriebene erstklassige Sicherheit der Kreditnehmer gedeckt: Nur Hypotheken auf Immobilien oder Kredite an Kommunen kommen in Frage. Somit dienen als Pfand Immobilienobjekte oder das Steueraufkommen. Außerdem haften die Banken mit ihrem gesamten Vermögen.

Der zweite entscheidende Aspekt bei Pfandbriefen ist die interessante Rendite. Pfandbriefe bieten meist bessere Zinsen als vergleichbare Investments wie beispielsweise Bundesanleihen. Nach Angaben des VDH, des Verbands deutscher Hypothekenbanken, konnten Pfandbriefbesitzer in den letzten Jahren einen Wertzuwachs von durchschnittlich 11 Prozent erzielen. Dabei liegen die Zinsen eines Pfandbriefes wie schon angesprochen für die gesamte Laufzeit fest und werden jährlich ausgezahlt. Und trotzdem kommt man immer an sein Geld, denn der Verkauf ist börsentäglich möglich. Allerdings kann sich die Verzinsung durch Kursverluste und Gebühren verringern. Prinzipiell ist aber für Privatanleger die so genannte Buy-and-hold-Strategie empfehlenswert: kaufen, liegen lassen, zurückbekommen.

Anleger können zwischen unterschiedlichen Laufzeiten wählen – von einem bis zu zehn Jahren. Die richtige Anlagestrategie bei Pfandbriefen ist abhängig von der Zinsentwicklung. Sinken die Zinsen, sollte man lang laufende Pfandbriefe kaufen. Steigen dagegen die Zinsen – das ist die momentane Marktsituation –, bleiben einzig kurz laufende Varianten.

Pfandbriefe eignen sich als Einmalanlage eines größeren Betrages oder auch zum Ansparen. Der Mindestbetrag liegt bei 100 Mark.

Weitere mögliche Stückelungen sind 500, 1 000 und 5 000 Mark. Damit erhält man Anteile eines so genannten Jumbo-Pfandbriefes mit Volumina von mindestens 500 Millionen Euro.

Die »Jumbos« sind erst seit einigen Jahren erfolgreicher Bestandteil des deutschen Rentenmarktes. Startschuss war der Mai 1995. Damals begab die Frankfurter Hypothekenbank den ersten dieser Riesen. Üblicherweise sind solche Großemissionen drei verantwortlichen Banken vorbehalten, so genannte Market Maker, die sich auch verpflichten, zu den börsenüblichen Handelszeiten An- und Verkaufskurse zu veröffentlichen.

Vor 1995 betrug das durchschnittliche Emissionsvolumen eines Pfandbriefes 50 bis 100 Millionen Mark. Marktbeobachter glauben, dass sich die Tendenz zu großvolumigen Emissionen fortsetzen und sogar verstärken wird. Denn innerhalb nur weniger Jahre wurden nach Informationen des Verbands deutscher Hypothekenbanken Jumbos mit einem Volumen von mehr als 320 Milliarden Euro an die Anleger gebracht. Damit schafften diese Anleihen den internationalen Durchbruch und genießen nun weltweite Akzeptanz.

Inzwischen machen Sie sogar den Staatsanleihen Konkurrenz. Vorbei die Zeiten, als der Pfandbriefmarkt wenig liquide war, also kein reger Handel stattfand, sodass ein vorzeitiger Verkauf verlustreich werden konnte. Früher hielten die konservativen Zinsanleger ihre Pfandbriefe gewöhnlich bis zum Ende der Laufzeit. Mittlerweile ist der Pfandbriefmarkt das mit Abstand größte Segment des deutschen Rentenmarktes; 1999 übertraf er sämtliche europäischen Staatsanleihemärkte. Wie aus dem Jahresbericht 1999 des VDH hervorgeht, steht der deutsche Pfandbriefmarkt – gemessen am Volumen – an sechster Stelle in der Welt, in Europa ist er die Nummer eins.

1999 gaben Pfandbriefinstitute neue Pfandbriefe im Volumen von rund 282 Milliarden Euro aus. Dies entspricht gegenüber dem Vorjahr einem Zuwachs von 9,6 Prozent. Heute sind vier von zehn gehandelten festverzinslichen Wertpapieren Pfandbriefe. Damit ist die preußische Erfindung zum Favoriten der Anleger avanciert.

Zu beziehen sind Pfandbriefe bei Hypothekenbanken, Pfandbriefanstalten, den Banken und Sparkassen – doch zu unterschiedlichen Gebührensätzen. Deshalb sollte man die Kosten vergleichen. Tipp: Es gibt auch kostenfreie Depots, bei denen aber zum Teil eine Mindestsumme verlangt wird.

Vor- und Nachteile von Pfandbriefen

Vorteile	Nachteile
Sichere und flexible Anlageform Gute Renditen Empfehlenswert für Einsteiger und Profis	Bei kleinen Stückelungen muss man die Gebühren für Wertpapiergeschäfte berücksichtigen, um festzustellen, ob sich kleine Geldbeträge rechnen. Kursverluste bei vorzeitigem Verkauf, wenn die Zinsen steigen. In der aktuellen Zinssituation sind einzig kurz laufende Pfandbriefe sinnvoll. Wenn Sparerfreibetrag ausgeschöpft ist, aus steuerlichen Gründen nicht sinnvoll.

Bundespapiere

Die Papiere mit dem Bundesadler sind für Börseneinsteiger, konservative Anleger und Sicherheitsbewusste als klassische Kapitalanlage eine gute Wahl. Sie sind risikofrei, denn die Bundesrepublik Deutschland ist ein erstklassiger Schuldner. Immerhin steht der Staat mit seinem Vermögen und Steueraufkommen dafür gerade – letztlich also der Steuerzahler selbst. Ein weiterer Vorteil ist die gesicherte und – je nach Marktlage – meist akzeptable Rendite der Bundespapiere. Zudem verfügen sie über ein eingebautes Umtauschrecht, sind also sehr flexibel: Man kann zunächst auf Bundespapiere setzen und abwarten, wie sich der eigene Geldbedarf und die Marktzinsen entwickeln. Und dann steigt man einfach aus – oder um.

Für den Käufer sind die Bundespapiere eine Geldanlage, für den

Staat dagegen eine Möglichkeit der Geldbeschaffung. Das Finanzministerium stellt die Papiere aus und finanziert mit den Einnahmen einen Teil der auf mehr als 700 Milliarden Euro aufgetürmten Schulden.

Übersicht Bundespapiere

Laufzeit	vom Staat angebotene Produkte
1 bis 2 Jahre	Finanzierungsschätze
4 Jahre	Bundesschatzanweisungen
5 Jahre	Bundesobligationen
6 bis 7 Jahre	Bundesschatzbriefe
10 Jahre	Bundesanleihen

Je nach Laufzeit – ein bis zehn oder gar 30 Jahre – bietet der Staat verschiedene Produkte an. Doch nur die Bundesschatzbriefe eignen sich zum allmählichen Vermögensaufbau. Und damit wurden sie zu einem echten Bestseller. Über 43 Milliarden Euro sind mittlerweile hier angelegt.

Charakteristisch für dieses nicht börsengehandelte Wertpapier, oft liebevoll »Bundesschätzchen« genannt, ist die Zinstreppe – der Jahr für Jahr nach einem festen Plan ansteigende Zins, der im Laufe der Zeit eine gute Rendite bringt. Der Bund konzipierte diese mittelfristigen Schuldverschreibungen 1969 für Kleinanleger.

Bundesschatzbriefe werden in zwei Varianten ausgegeben: Typ A hat eine Laufzeit von sechs Jahren. Die Zinsen werden jährlich überwiesen. Typ B dagegen läuft ein Jahr länger und weist die bessere Rendite auf. Denn die anfallenden Zinsen werden während der Laufzeit automatisch wieder angelegt und zusammen mit dem Kapital bei Fälligkeit ausbezahlt. Damit ist der Bundesschatzbrief B ein so genanntes thesaurierendes Rentenpapier, bei dem alle Zinserträge erst am Ende auf einen Schlag ausschüttet werden.

Die geringen Zinsunterschiede sollten allerdings keine Rolle bei der Wahl der Variante spielen. Entscheidend sind dagegen Ihre persönlichen steuerlichen Bedingungen. Wichtig ist die optimale Nutzung

Rendite in Stufen: Bundesschatzbriefe Typ A und Typ B
Stand: August 2000

	NominalzinsenTyp A (in Prozent)	**NormalzinsenTyp B** (in Prozent)
1. Jahr	4,25	4,25
2. Jahr	4,75	4,75
3. Jahr	5,00	5,00
4. Jahr	5,25	5,25
5. Jahr	5,25	5,25
6. Jahr	5,50	5,50
7. Jahr		5,75

Typ A: jährliche Durchschnittsrendite: 4,97 Prozent (Effektivzinsen)
Typ B: jährliche Durchschnittsrendite: 5,11 Prozent (Effektivzinsen)

des steuerlichen Freibetrages. Deswegen dürfte ab 2000 für die meisten Typ A empfehlenswert sein. Lesen Sie dazu das Kapitel »Steuerliche Aspekte«.

Die »Schätzchen« sind vor allem wegen der sparerfreundlichen Sperrfrist von nur einem Jahr beliebt. Das Kapital ist also nach dem ersten Jahr jederzeit verfügbar. Einzige Beschränkung: Innerhalb von 30 Zinstagen dürfen allein Stehende nur 10000 Mark einlösen, Ehepaare das Doppelte, also 20000 Mark. Dieses Rückgaberecht wird im Fachjargon »Gläubigerkündigungsrecht, das eine Verkaufsoption darstellt« genannt. Dafür bezahlt man auf dem Kapitalmarkt einen hohen Preis. Die kostenlose Kündbarkeit ist für den Anleger ein nicht zu unterschätzender Vorteil, denn er bleibt äußerst flexibel. Er kann ganz nach seinen persönlichen Bedürfnissen aus- oder bei Zinsanstiegen kostenlos umsteigen – auf eine neuere Serie Bundesschatzbriefe oder in eine andere Anlageform.

Ursprünglich waren Bundesschatzbriefe nur für die Einmalanlage, also die Anlage von größeren Kapitalbeträgen, gedacht. Doch 1993 wurde der Mindestsparbetrag auf 100 Mark herabgesetzt. Jetzt kann man diese Wertpapiere des Bundes per Sparplan, also in Raten kaufen, wodurch sie als Ansparanlage zum allmählichen Vermögensaufbau interessant geworden sind. Übrigens sind sie auch für beliebige krumme Beträge erhältlich. Zudem ist es möglich, sich angespartes Geld per Auszahlplan überweisen zu lassen. Bundesschatzbriefe sind als Daueremissionen jederzeit erhältlich. Eine Umstellung auf Euro ist vor 2002 nicht vorgesehen.

Kauf und Deponierung

Geplagten Steuerzahlern hält der Bundesfinanzminister ein Trostpflästerchen bereit: Die Papiere mit dem Bundesadler verursachen dem Anleger keine Kosten. Durch Kauf, Wertpapierdepot und Verkauf sind normalerweise nicht unerhebliche Ausgaben fällig, die die Rendite schmälern. Das gilt für Bundespapiere nicht. Eine staatliche Behörde, die Bundeschuldenverwaltung verwaltet sämtliche öffentlichen Anleihen von Bund, Bahn und Post gebührenfrei für den Anleger. Dazu muss er lediglich bei der Behörde ein Schuldbuchkonto eröffnen.

Mit Bundeswertpapieren, verwaltet durch die Bundesschuldenverwaltung, werden Sie aber für das Finanzamt nicht zum gläsernen Steuerzahler. Keine Sorge, auch die Bundesschuldenverwaltung ist an das gesetzliche Schuldbuchgeheimnis gebunden.

Die Kontoführung läuft bei der Bundesschuldenverwaltung wie bei einem normalen Bankdepot: Sie bekommen entsprechende Bestätigungen bei Kauf oder Verkauf von Papieren und jährlich eine Mitteilung über den Kontostand. Auch die Zinserträge werden automatisch überwiesen. Und alles kostenlos – sehr empfehlenswert!

Die Deutsche Bundesbank hat mit den Spitzenverbänden der deutschen Kreditwirtschaft eine Vereinbarung getroffen, die die Geldinstitute verpflichtet, Antragsformulare auf Eröffnung eines Schuldbuchkontos bereitzuhalten, entgegenzunehmen und an die Bundesverwaltung weiterzuleiten. Allerdings gilt dies nur für diejenigen Institute, die im Wertpapiergeschäft tätig sind.

Die Geschäftsbanken verdienen fast nichts an dieser Abwicklung und sind daher nicht sonderlich kooperativ. Oft versuchen sie stattdessen, dem Kunden die eigenen Sparprodukte schmackhaft zu machen. Deshalb ist der direkte Weg zur Bundesschuldenverwaltung meist der angenehmere. Sie können aber auch zu einer der fast 200 Geschäftsstellen der Landeszentralbanken gehen, die Internetadresse *www.bsv.de* nutzen oder Ihre Formulare telefonisch bei der Bundesschuldenverwaltung anfordern, sie eventuell mithilfe Ihrer Bank ausfüllen, zurückschicken und alle weiteren Dispositionen direkt mit der Behörde abwickeln.

Diese Möglichkeit besteht seit Juli 2000. Wer ein Schuldbuchkonto – so heißt das Depot bei der Bundesschuldenverwaltung – hat, kann nun direkt dort kaufen. Dabei wird der Kauf durch Überweisung des Geldes abgewickelt, seit September ist dies auch im Lastschriftverfahren möglich. Zudem können fällige Papiere telefonisch wieder angelegt werden. Grundsätzlich verlangt die Bundesschuldenverwaltung für ihren Service eine Einlage von mindestens 100 Mark.

Bundesschuldenverwaltung
Postfach 1245
61282 Bad Homburg v. d. Höhe
0 61 72/10 80
Servicecomputer: 0 61 72/10 89 30
Bei Fragen: 0 61 72/1 08-2 22 oder 0 30/6 90 34-2 22. Die Hotlines sind montags bis donnerstags 8.15 Uhr bis 15.30 Uhr besetzt, freitags bis 14.30 Uhr
www.bsv.de (umfangreiche Informationen, aktuelle Konditionen, Formulare zum Herunterladen)

Die aktuellen Konditionen der Bundesschatzbriefe kann Ihnen Ihre Hausbank oder jedes andere Kreditinstitut nennen, aber sie geben erfahrungsgemäß ungern Auskunft. Sparen Sie sich besser diesen Gang und greifen Sie zum Wirtschafts- und Börsenteil Ihrer Tageszeitung. Oder nehmen Sie den Telefonhörer zur Hand.

Informationsdienst für Bundeswertpapiere
Postfach 10 12 50
60012 Frankfurt/Main
automatische Bandansage rund um die Uhr: 0 69/1 97 18
Infotelefon: 0 69/74 77 11
Faxabruf: 0 69/74 77 70 oder 0 69/2 57 02 00 10/2

Vor- und Nachteile von Bundesschatzbriefen

Vorteile	Nachteile
Akzeptable Rendite Geeignet zur kurz- und mittelfristigen Anlage Gut in unsicheren Zinszeiten Keine Kosten für Kauf, Verkauf und Depot, dadurch höhere Rendite	Rendite wird erst durch die jährlich steigenden Zinsen interessant Wenn Sparerfreibetrag ausgeschöpft ist, aus steuerlichen Gründen nicht sinnvoll

Investmentfonds

Die Investmentgesellschaften können sich kaum noch vor euphorischen Kunden retten. Hauptsächlich bei Aktienfonds befand sich die Branche im ersten Halbjahr 2000 auf einem rasanten Wachstumskurs. Die Fondsgesellschaften verwalteten nach dem BVI, dem Bundesverband Deutscher Investmentgesellschaften, zum 30. Juni 2000 in 1 624 Publikumsfonds für Privatkunden 432,6 Milliarden Euro. 38,7 Milliarden Euro kamen 2000 dazu. Davon flossen allein 38,2 Milliarden Euro in Aktienfonds. Insgesamt gibt es 708 Aktienfonds, in denen 216 Milliarden investiert sind. Damit repräsentieren sie die Hälfte des Vermögens in Publikumfonds. Aktuell stehen vor allem international ausgerichtete Aktienfonds in der Gunst der Anleger ganz oben. Dazu eine interessante Zahl: Noch 1999 gab es 4,7 Millionen Aktienfonds-Anleger, am 1. August 2000 waren es schon 8 Millionen.

Man kann schon schwindelig werden ob der hohen Zahlen, der vielen Möglichkeiten, der komplizierten Strategien, der Qual der Wahl – und manchmal auch angesichts der wirklich interessanten Renditen. Viele Anleger, vor allem Neueinsteiger sind zunächst überfordert. Deshalb wollen wir uns nun Schritt für Schritt den Möglichkeiten und Chancen von Investmentfonds nähern.

An den Gewinnen der Börse teilhaben ohne großen Zeitaufwand,

Ein Blick zurück

Erfunden wurden Investmentfonds 1860 in England. In Deutschland musste man bis nach dem Zweiten Weltkrieg auf dieses Finanzprodukt warten, genauer bis zum 18. August 1950. Das ist der Geburtstag des ersten deutschen Investmentfonds, des Fondra. Der gemischte Fonds (Aktien und festverzinsliche Wertpapiere) mit dem Anlageschwerpunkt Deutschland wurde, nachdem das bayerische Staatsministerium für Finanzen die Vertragsbedingungen genehmigt hatte, von der ADIG (Allgemeine Deutsche Investment-Gesellschaft) aufgelegt. Mittlerweile gehört die ADIG mehrheitlich der Commerzbank.
1955 gab es insgesamt drei deutsche Investmentfonds, die ein Vermögen von 29 Millionen Mark betreuten. Zwei Jahre später trat das Gesetz über Kapitalanlagegesellschaften (KAGG) in Kraft. Ab 1959 gab es neben Aktien- und gemischten Fonds auch offene Immobilienfonds. Erst sieben Jahre danach erweiterten die Investmentgesellschaften ihre Produktpalette um Rentenfonds. 1970 verwalteten insgesamt 60 Publikumsfonds ein Vermögen von 9,6 Milliarden Mark.
Der Fondra war übrigens eine gute Investition. Er kann mit jährlichen Wertsteigerungen von 10,2 Prozent aufwarten. Derzeit sind in diesem gemischten Fonds etwa 440 Millionen Mark investiert.

ohne großen finanziellen Einsatz und mit reduziertem Risiko – das bieten Investmentfonds. Dahinter steht der Grundgedanke, dass auch Menschen mit schmalem Geldbeutel an Wertpapieren oder Immobilien verdienen sollen, ohne auf Risikostreuung durch Investition in mehrere Papiere oder Objekte zu verzichten.

Ein Fonds ist ein Topf, in den viele Anleger Geld einzahlen. Das Vermögen verwalten so genannte Investmentanlagegesellschaften, die den Status von Kreditinstituten besitzen und dem Gesetz über Kapitalanlagegesellschaften (KAGG) unterliegen. Dort sind die strengen Anlagegrundsätze festgeschrieben, die das Prinzip der Risikostreuung wahren:

- Hoch spekulative Geschäfte dürfen nur unter Auflagen getätigt werden.
- Aktienfonds müssen einen Pool von mindestens 50 Aktien in ihrem

Portfolio haben und dürfen maximal 5 Prozent des Fondsvermögens in einem Titel halten.

- Offene Immobilienfonds müssen mindestens zehn Objekte betreiben, dabei darf ein Neuerwerb 15 Prozent des Fondsvermögens nicht übersteigen.

Üblich sind in der Branche thesaurierende Fonds. Das bedeutet, dass sämtliche Erträge automatisch wieder angelegt werden. Der Anteilseigner bekommt also die erwirtschafteten Erträge aus Zins, Dividenden oder Mieteinnahmen nicht laufend ausgezahlt. Damit umgeht er die Gebühren bei Wiederanlage, und er profitiert tatsächlich von diesem Zinseszinseffekt.

Fonds unterliegen der Rücknahmeverpflichtung. Die Anleger kommen immer an ihr Geld, sind also stets liquide. Dafür müssen die Investmentgesellschaften ständig eine bestimmte Summe bereithalten.

Fondsmanager überlassen nur wenig dem Zufall. Auch bei den Gebühren halten sie gleich am Anfang der Geschäftsbeziehung die Hand auf und verlangen eine Zugangsgebühr in Form von Ausgabeaufschlägen von 1 bis 8 Prozent. Am teuersten sind Aktienfonds. Hier liegen die Ausgabeaufschläge zwischen 4 und 8 Prozent. Die offenen Immobilienfonds verlangen meist 5 Prozent und Rentenfonds zwischen 2 und 4 Prozent.

Beispiel:
Sie wollen 10000 Euro in einen Investmentfonds anlegen. Bei einem 5-prozentigen Ausgabeaufschlag legt die Fondsgesellschaft von Ihren 10000 Euro nur 9500 an. Die Differenz zieht sie als Gebühr ein.

Durch den Ausgabeaufschlag ergibt sich übrigens auch der Rücknahmepreis. Er ist um den Ausgabeaufschlag niedriger als der Ausgabepreis.

Wollen Sie verkaufen oder auch nur einen Überblick über Ihr Vermögen in einem Fonds gewinnen, so multiplizieren Sie die Anzahl Ihrer Anteile mit dem Rücknahmepreis. Dieser wird jeden Tag neu errechnet, indem das gesamte Fondsvermögen durch die Zahl der ausgegebenen Anteile dividiert wird. Große Tageszeitungen veröffentlichen die Rücknahmepreise täglich.

Außerdem verdienen die Fondsgesellschaften gut durch die Verwaltungsgebühren – bis zu 1 Prozent des Fondswertes im Jahr. In dieser Höhe liegt auch meist die Depotbankvergütung. Das sind die jährlich laufenden Kosten, die intern abgerechnet werden, also nicht in den Kontoauszügen ausgewiesen sind. Die genauen Kosten sind in den Verkaufsprospekten verzeichnet. Zudem wird eventuell eine Provision, sicher eine Bearbeitungsgebühr fällig, wenn man einen Fonds einer anderen Bank kaufen will.

Fondssparpläne

Mit regelmäßigem Investmentsparen verhelfen Fondssparpläne zu einem ansehnlichen Fondsvermögen. Per Dauerauftrag oder Einzugsermächtigung investiert der Anleger mit regelmäßigen Zahlungen in Fondsanteile oder Bruchteile davon. Die Beträge sind mit 80 oder 100 Euro meist so klein, dass bequem ein Anteil gezeichnet werden kann. Ansonsten werden die Anteile verrechnet. Dabei legt der Anleger selbst fest, ob er einmal im Monat, nur jeden zweiten oder dritten Monat kauft. Damit ist schon ein ganz wichtiger Aspekt der Fondssparpläne angedeutet: die Flexibilität. Denn nahezu alles ist möglich: Raten erhöhen, verringern, aussetzen oder auch schnell Kasse machen.

Ein weiterer Vorteil des Investmentsparens: der Cost-Average-Effekt. Wer jeden Monat an der Börse kauft, zahlt mal hohe und mal niedrige Kurse. Für die gleiche Summe bekommt man in guten Börsenzeiten weniger, in schlechten Börsenzeiten mehr Anteile. Dadurch wird ein niedrigerer Durchschnittspreis erzielt.

Regelmäßig mit einem bestimmten Geldbetrag investieren kann man in nahezu alle Fondsarten. Doch bei der Auswahl sollten die Ergebnisse der Vergangenheit über die Anlage entscheiden. Denn Investmentsparen ist einzig mit Aktienfonds empfehlenswert. Hier sind die Renditechancen am größten. Sie fuhren in den letzten Jahren immer zweistellige Ergebnisse ein. Rentenfonds bergen zwar ein sehr viel geringeres Risiko, lohnen sich aber nicht.

Durchschnittliche Wertsteigerung durch Fondssparen

Anlageform	Anlage-schwerpunkt	Anlagedauer	Jährliche Rendite
Aktienfonds	Deutschland	10 Jahre	18%
Aktienfonds	Deutschland	35 Jahre	11,4%
Aktienfonds	Europa	10 Jahre	18%
Aktienfonds	Europa	35 Jahre	11,3%
Aktienfonds	international	10 Jahre	17,1%
Aktienfonds	Deutschland	35 Jahre	10,5%
Rentenfonds	Euro (dt. Emittenten)	10 Jahre	5,4%
Rentenfonds	Euro (dt. Emittenten)	30 Jahre	7%
Rentenfonds	international	10 Jahre	7,5%
Rentenfonds	international	30 Jahre	8,2%

Quelle: BVI, August 2000

Was diese Prozentzahlen in barer Münze bedeuten, zeigt die nächste Tabelle. Hier ist abzulesen, was regelmäßiges Ansparen von 50 Euro in verschiedenen Sparperioden einbrachte. Es handelt sich um einen erfolgreichen Investmentfonds.

Beispiel:
Fondssparplan Investa (Investmentgesellschaft: DWS)

Anlageschwerpunkt: Deutschland
Wertentwicklung in Euro bei einer monatlichen Einzahlung von 50 Euro

10 Jahre	15493
15 Jahre	32354
20 Jahre	69369
25 Jahre	118476
30 Jahre	179845
35 Jahre	261478

In einem Beispiel des Bundesverbandes deutscher Investmentgesellschaften fällt das Ergebnis etwas niedriger aus:

Ein monatlicher Anlagebetrag von 50 Euro führte in den vergangenen 30 Jahren zu einem Vermögen von durchschnittlich 166 161 Euro. Dabei wurden 18 000 Euro eingezahlt. Die durchschnittliche Verzinsung lag bei 12,4 Prozent.

Der Zeithorizont beim Investmentsparen sollte wegen der hohen Gebühren und der möglichen Kursschwankungen mindestens zehn, besser 15 Jahre oder länger betragen. Nach dieser Zeit haben Sie dann ein stattliches Fondsvermögen zusammen.

Allerdings sollte man aus Sicherheitsgründen in Reichweite des Pensionsalters Schritt für Schritt von Aktienfonds in risikoärmere Fonds umschichten. Der Nachteil: Diese sind deutlich steuerungünstiger. Besonders negativ macht sich das in den letzten Berufsjahren bemerkbar, in denen gewöhnlich das höchste Einkommen verdient wird. Oft werden in diesem Zusammenhang Rentenfonds empfohlen, aber steuerlich günstiger sind offene Immobilienfonds.

Für die eigentliche Nutzungsphase Ihres Vermögens bieten alle Investmentgesellschaften Auszahlpläne an. Dabei gibt es zwei Formen der so genannten Verrentung: mit oder ohne Kapitalerhalt. Bei der ersten Variante wird nur der Ertrag regelmäßig an den Anleger ausgeschüttet. Bei der Variante mit Kapitalverzehr werden dem Fondssparer über eine bestimmte Laufzeit das Kapital und die Erträge als Rente ausgezahlt.

Fondsgesellschaften

Welcher Investmentgesellschaft soll ich mein Geld anvertrauen? Die *Frankfurter Allgemeine Zeitung* versucht diese Frage zu beantworten und führt regelmäßig Rankings von Fondsgesellschaften durch. Dabei betrachtet das Wirtschaftsblatt die Gesamtheit der Fondspalette einer Gesellschaft und nicht nur ein spezielles Anlagesegment. Diese Bewertung ist eine gute Orientierungshilfe.

Im Jahr 2000 (veröffentlicht im Mai) wurden mehr als 120 Kapitalanlagegesellschaften mit 778 für deutsche Anleger erhältlichen Fonds geprüft, die es schon länger als fünf Jahre gibt. Dabei sollte eine über-

Fondsgesellschaften in der Rangliste der Frankfurter Allgemeinen Zeitung

Investmentgesellschaft	Gesamtheit der in die Bewertung aufgenommenen Fonds, Rating »A« bis »E« (»sehr gut« bis »ungenügend«)	Fonds mit Rating »A« und »B«	Anteil der Top-Ratings (»A« und »B«) in Prozent der Ratings insgesamt (»A« bis »E«)
Threadneedle	9	7	78
DWS	39	28	72
Newton	11	7	64
ABN AMRO	8	5	63
Merrill Lynch/ Mercury	13	8	62
Morgan Stanley	13	8	62
ING/Baring	18	10	56
Flemings	12	6	50
DIT	28	13	46
Fidelity	12	5	47
Schröder	12	5	47
Gartmore	10	4	40
Crédit Suisse	16	6	38
Deka	21	7	33
Activest	26	8	31
Julius Baer	10	3	30
UBS	14	4	29
Union Investment	39	11	28
Universal	18	5	28

Quelle: *FAZ*

durchschnittliche Wertentwicklung bei relativ geringem Risiko erreicht worden sein. Um vergleichen zu können, wurden 14 Fondskategorien gebildet. Jeder Fonds musste gegenüber dem jeweiligen Vergleichsindex und 20 Konkurrenzprodukten bestehen. Darüber hinaus kam es auf den Anteil an Fonds mit Rating »A« und »B« (»sehr gut« beziehungsweise »gut«) im Vergleich zum Anteil an Fonds mit niedrigerer Bewertung an.

Die beiden Spitzenreiter sind die DWS und eine auf dem deutschen Markt relativ junge, in ihrem Heimatland sehr erfolgreiche Gesellschaft: Threadneedle. Das in London ansässige Unternehmen gehört zu den führenden internationalen Investmentgesellschaften. Es entstand aus der Fusion der Vermögensverwaltungen von Allied Dunbar und Fagle Star, die zu den großen Finanzdienstleistern in Großbritannien gehören. Threadneedle hat seinen Anlageschwerpunkt im Aktienmanagement und bietet eine ausgewogene Fondspalette.

Threadneedle Investments
Platz der Einheit 1
60327 Frankfurt
Tel.: 069/97503147
Fax: 069/97503200

Ein breites Fondsspektrum und die mit Abstand höchste Anzahl der als herausragend bewerteten Produkte hat die DWS, die Investmentgesellschaft der Deutschen Bank, vorzuweisen.

DWS Investment
Grüneburgweg 113–115
60323 Frankfurt
Tel.: 069/71002
Fax: 069/ 71909-123
www.dws.de

☞ **Tipp: Der Staat unterstützt Investmentsparer**

Die Anlage in Beteiligungstiteln wie Aktienfonds wird im Rahmen der vermögenswirksamen Leistungen mit einer Sparzulage von 20 Prozent belohnt. Arbeitnehmer der neuen Bundesländer erhalten bis einschließlich 2004 25 Prozent. Die Einkommensgrenzen für die Sparzulage liegen bei 35000 Mark zu versteuerndes Einkommen für Ledige, 70000 Mark für Ehepaare. Seit Jahresbeginn 2000 werden neben Aktienfonds auch die neuen Fondstypen Dachfonds sowie gemischte Wertpapier- und Grundstückssondervermögen, also die Altersvorsorgefonds, gefördert. Dies sollte die Entscheidung der Arbeitnehmer für gute Aktienfonds aber nicht beeinflussen. Sie bringen nun mal die besten Renditen. Wählen Sie möglichst einen längeren Anlagehorizont als die üblichen sieben Jahre. Sonst kann sich eine schlechte Börsenperiode negativ auswirken.

Fondsarten

Die Fonds für den privaten Anleger heißen Publikumsfonds. Und mittlerweile gibt es hier fast alles: Man kann in internationale Aktien ökologisch orientierter Unternehmen investieren, in indische Aktien, in Hochzinsanleihen von Schuldnern aus Schwellenländern, in New-Economy-Titel oder in weltweite Neuemissionen. Die Investmentbranche kreiert ständig neue Produkte, um neue Gelder anzulocken. Umgekehrt sucht wachsendes Kapital neue Anlagemöglichkeiten.

Im Folgenden werden nun die Grundzüge der wichtigsten Fondsarten erläutert.

Aktienfonds

Wie der Name schon sagt, investieren diese Fonds nur oder überwiegend in Aktien, wobei die Ausrichtung höchst unterschiedlich sein kann: beschränkt auf bestimmte Länder, Branchen oder Regionen, international orientiert oder auf viele Branchen ausgerichtet.

Aktienfonds ermöglichen es dem Anleger, mit geringem Kapital an der Börse zu spekulieren und dabei eine breitere Basis, eine größere Streuung und damit ein geringeres Risiko als bei Aktien zu haben. Trotzdem sind auch Aktienfonds von der allgemeinen Börsentendenz abhängig. Kursstürze pausen sich durch, werden aber abgemildert. Dafür fallen Kursgewinne auch nicht so stark aus. Eine kurz- oder mittelfristige Anlage ist daher nicht empfehlenswert. Der sicherheitsorientierte Anleger ist mit einem soliden Aktienfonds mit Standardwerten auf lange Sicht gut bedient, in den letzten Jahrzehnten konnte er überdurchschnittliche Renditen erzielen bei steuerlich günstiger Behandlung. Derzeit geht der Trend zu europäischen und internationalen Aktienfonds.

Wertentwicklung von Aktienfonds in den zurückliegenden Jahren
(in Prozent)

Anlageschwerpunkt	Anlagedauer in Jahren			
	1	5	10	20
Deutschland	29,0	208,2	229,4	1180,6
Europa	29,7	201,5	193,1	1163,4
international	32,6	215,9	223,6	1121,5

Stand: Mitte 2000. Inflation nicht berücksichtigt.

Grundwissen Aktien

Durch den Kauf einer Aktie wird man zum Miteigentümer des Unternehmens und trägt ein begrenztes unternehmerisches Risiko. Ein Aktionär ist an Gewinn und Verlust der Aktiengesellschaft beteiligt.
Eine Aktie stellt einen Sachwert dar. Man spekuliert auf die positive Zukunft der jeweiligen Aktiengesellschaft, die sich in Kurssteigerungen niederschlagen soll. Neben den Kursgewinnen gibt es für Aktionäre eine weitere Einnahmequelle: die Dividenden, die einmal jährlich ausgeschüttet werden. Deren Höhe ist abhängig von der wirtschaftlichen Entwicklung der Unternehmen.
Aktien erzielten bislang auf lange Sicht beachtliche Gewinne. In den vergangenen 50 Jahren hätten Anleger mit deutschen Aktien eine jährliche Rendite von durchschnittlich über 14 Prozent erzielen können. Dabei sind mehr als 70 Prozent dieses Wertzuwachses auf Kursgewinne zurückzuführen. Und nach Rüdiger von Rosen, dem Leiter des Deutschen Aktien-Institutes, liegt die durchschnittliche Rendite bei 10 Prozent.

> Aktien sind allerdings auch vielfältigen Risiken unterworfen. Denn niemand kann vorausahnen, welche kursbeeinflussenden Dinge passieren. Die gesamtwirtschaftliche Lage spielt hier genauso hinein wie ein weltbewegendes politisches Ereignis. Börsenfavoriten können schon nach kurzer Zeit im Minus verschwinden, wenn Erwartungen übertrieben wurden. Oder es kommt zu Kurseinbrüchen, wenn die Gewinne des Unternehmens nicht so hoch wie die Prognosen sind.
> Wer im Kurstal verkauft, muss mit starken Verlusten rechnen. Besser ist es, den schlechten Kurs auszusitzen. Schlimmstenfalls geht die Aktiengesellschaft in Konkurs – das investierte Geld ist dann schlicht weg. Aktien beinhalten also das Risiko eines Totalverlustes.

Altersvorsorge- oder AS-Fonds

Im April 1998 erlaubte der Gesetzgeber erstmals einen Zielfonds für einen bestimmten Zweck – die Altersvorsorge. Deswegen wirbt die Investmentbranche gern mit einem optisch beeindruckend aufgemachten AS-Gütesiegel, das es gar nicht gibt.

Die ersten AS-Fonds – AS steht für Altersvorsorge-Sondervermögen – kamen Ende 1998 auf den Markt. Die Anlagegrundsätze: 21 bis 75 Prozent des Fondsvolumens dürfen in Aktien, maximal 30 Prozent in Immobilien und maximal 30 Prozent in Fremdwährung investiert werden. Immobilien können als Direktanlage und als offene Immobilienfonds im Depot stehen. Dabei dürften erst im Laufe der Jahre Liegenschaften in größerem Stil erworben werden. In den ersten Jahren werden die Fondsverwalter wohl eher Anteile an offenen Immobilienfonds in ihre Portfolios nehmen. Die neuen Mischfonds investieren zu mindestens 51 Prozent in Substanzwerte: Aktien und Immobilien. Stille Beteiligungen, beispielsweise an anderen Unternehmen, können bis zu 10 Prozent berücksichtigt werden. Spekulative Finanzinstrumente wie Optionen dürfen nur zu Absicherungszwecken eingesetzt werden.

Die Altersvorsorgefonds müssen als Sparpläne mit einer Laufzeit von mindestens 18 Jahren laufen. Sie dürfen dem Sparer erst nach dem 60. Lebensjahr ausgezahlt werden. Vorgeschrieben ist auch die Thesaurierung der Erträge. Die Investmentgesellschaften haben für das angesparte Kapital Auszahlpläne anzubieten. Zudem müssen sie den

Kunden die kostenlose Umschichtung in andere Fonds nach drei Viertel der Laufzeit ermöglichen. Eine vorherige Kündigung und damit Auszahlung ist jedoch jederzeit unter Einhaltung einer dreimonatigen Kündigungsfrist zum Quartalsende möglich. Bei Arbeitslosigkeit verkürzt sich die Kündigungsfrist auf vier Wochen zum Monatsende. Bei finanziellen Schwierigkeiten können die Einzahlungen aber auch reduziert oder eingestellt werden, ohne dass gleich der gesamte Vertrag gekündigt werden muss.

Neu ist an den AS-Fonds nichts. Mischfonds gibt es schon lange, die Bestandteile sind die alten, nur anders gemischt. Und auch Ansparfonds und Auszahlungspläne sind gängige Instrumente. Erwähnenswert ist nur die konservative und sicherheitsbewusste Beimischung von Immobilien oder Immobilienfonds.

Altersvorsorgefonds sind beim langfristigen Vermögensaufbau für die Altersvorsorge eher zweite Wahl. Und auch die Einschätzung von Manfred Laux vom Bundesverband Deutscher Investmentgesellschaften, dass »dieses System eine Generation von AS-Millionären hervorbringen« wird, muss man wohl eher skeptisch sehen.

Bei AS-Fonds lässt das Gesetz eine unterschiedliche prozentuale Gewichtung der einzelnen Investments zu. Deshalb variieren die Angebote stark. Ein Fonds investiert beispielsweise nur zu 51 Prozent in Aktien und Immobilien, ein anderer jedoch zu 85 Prozent. Auch kann sich während der Laufzeit des Fonds dessen Zusammensetzung ändern. Die Chancen hängen also im Wesentlichen vom Geschick der Fondsmanager ab.

Dazu kommt, dass andere Mischfonds in der Vergangenheit oft nicht so gute Ergebnisse wie reine Aktienfonds brachten. Man sollte daher – wenn man schon zu AS-Fonds greift – solche mit einem möglichst hohen Aktienanteil und einem möglichst niedrigen Immobilienanteil auswählen. Eine andere Empfehlung kann nur für sehr sicherheitsbewusste und äußerst konservative Anleger gelten.

AS-Fonds werden steuerlich trotz lauter Forderung der Investmentbranche nicht besonders gefördert. Kursgewinne sind aber – wie bei anderen Fonds auch – nach einem Jahr steuerfrei.

Bis Mitte 2000 konnten die 44 angebotenen AS-Fonds Einzahlungen in Höhe von 2,4 Milliarden D-Mark verbuchen. Binnen Jahresfrist verzeichneten sie ein Plus von 31,6 Prozent. Dabei schwanken die Ergebnisse zwischen 109 und 9 Prozent. Doch angesichts der kurzen Zeit seit ihrer Einführung lassen sich keine abschließenden Bewertungen vornehmen, und die Nachfrage bleibt bislang relativ verhalten.

Dachfonds

Die Fonds der Fonds sind die momentanen Renner und erfreuen sich bei deutschen Anlegern wachsender Beliebtheit.

Dachfonds investieren nicht direkt in Aktien oder Anleihen, sondern in Anteile anderer Investmentfonds. Dazu bedienen sie sich der gesamten Palette – von Aktien-, Renten-, Geldmarkt- bis zu Immobilienfonds. Diese Anlageart darf in Deutschland erst wieder seit dem Inkrafttreten des dritten Finanzmarktförderungsgesetzes im April 1998 angeboten werden.

Grund für das Verbot bei dieser Fondsart, die in vielen anderen Ländern schon seit Jahren Standard und sehr beliebt ist, ist der so genannte IOS-Skandal von 1970. Damals brachte Bernie Cornfeld Anleger mit einem selbst gestrickten Dachfonds-Konzept um fast eine Milliarde Mark. Schließlich gab der Gesetzgeber ihnen einen engen rechtlichen Rahmen, damit solcher Missbrauch zukünftig ausgeschlossen ist.

Dabei dürfen Dachfonds grundsätzlich in allen in Deutschland zum Vertrieb zugelassenen Investmentfonds anlegen. Unzulässig sind dagegen nicht registrierte Auslandsfonds. Vorgeschrieben ist auch eine Mindeststreuung. Höchstens 20 Prozent darf ein Dachfonds in Anteile eines einzelnen Unterfonds investieren. Er muss also sein Vermögen auf mindestens fünf Unterfonds verteilen. Umgekehrt gilt eine Zehn-Prozent-Regel, nach der ein Dachfonds höchstens ein Zehntel der gesamten Anteile eines Unterfonds halten darf. Und wegen der recht komplizierten Gebührenstruktur eines Dachfonds hat sich der Gesetzgeber auf das Transparenzprinzip festgelegt. Danach müssen alle Kosten des Dachfonds sowohl im Verkaufsprospekt auch im Rechenschaftsbericht genau ausgewiesen werden.

Mittlerweile bedienen die auf dem Markt befindlichen Dachfonds die unterschiedlichsten Anlagewünsche. Sie investieren hauptsächlich in Aktien-, Renten- oder gemischte Fonds mit verschiedenen Schwerpunkten wie Euro-Länder oder Europa, in bestimmte Branchen oder sind breit international ausgerichtet. Dabei hat sich zur besseren Übersicht das Modell der drei Risikoklassen herauskristallisiert. Die Unterschiede liegen in einer hohen oder niedrigeren Dosierung von Aktien oder Währungsinvestments. Häufig heißen diese Risikoklassen »Sicherheit – Wachstum – Chance« und gelten damit als »konservativ, ausgewogen und wachstumsorientiert«. Dabei enthält beispielsweise der Sicherheits-Dachfonds einen Anteil von höchstens 20 Prozent Aktien- und mindestens 80 Prozent Rentenfonds. Ein Dachfonds »Chance« investiert dagegen hauptsächlich – beispielsweise zu mindestens 80 Prozent – oder vollständig in Aktienfonds. Und beim Dachfonds »Wachstum« halten sich Aktien- und Rentenfondsanteil in etwa die Waage.

Wegen der unterschiedlichen Risikostruktur der Dachfonds – der exakte Name: Investmentfondsanteil-Sondervermögen zur Standardisierung der Vermögensverwaltung – argumentiert die Fondsbranche mit der standardisierten Vermögensverwaltung – und dies ab 100 Mark monatlich. Im Vergleich dazu ist individuelle Vermögensverwaltung erst ab mehreren 10 000 Mark möglich und damit für viele unerreichbar.

Bei der Auswahl eines Dachfonds gibt es neben der individuellen Risikobereitschaft einen weiteren entscheidenden Aspekt, nämlich den der Kosten. Wie bei den anderen Investmentfonds liegt der Ausgabeaufschlag bei Dachfonds zwischen 1 und 5 Prozent. Begibt eine Kapitalanlagegesellschaft einen Dachfonds ausschließlich mit eigenen Produkten – eigentlich eine Art des Recyclings eigener Fonds –, dürfen Gebühren nicht mehrfach erhoben werden, also keine Ausgabeauf- oder Rückgabeabschläge und Verwaltungsvergütungen konzerneigener Unterfonds berechnet werden. Hier geben die fondsinternen Verwaltungskosten den Ausschlag. Denn gerne arbeiten die Gesellschaften mit einem Trick. Sie setzen die Verwaltungsgebühr bei Dachfonds höher an als bei anderen Fonds. Die Differenz streichen sie dann ein.

Wirklich teuer kann es aber bei Dachfonds mit »fremden«, also nicht konzerneigenen Fonds werden. Denn dann fallen doppelte Gebühren und Ausgabeaufschläge an: für den eigentlichen Dachfonds und für die verschiedenen Unterfonds. Doch dem höheren Preis steht eine größere Chance gegenüber, denn theoretisch können die

Fondsmanager damit die besten und ertragreichsten aus den über 1600 auf dem Markt befindlichen Investmentfonds aussuchen. Auch Fondsmanager kennen jedoch nur die Ergebnisse der Vergangenheit und können nicht in die Zukunft schauen. Damit haben sie das gleiche Problem wie alle Anleger, die aus der Fülle der Publikumsfonds den für sie richtigen auswählen wollen.

Die Fondsauswahl ist einem Lotteriespiel nicht ganz unähnlich. Deswegen sind Dachfonds gerade für Einsteiger eine gute Empfehlung, die ohne besonderen Zeitaufwand und umfangreiches Wissen bequem dem Prinzip der Risikostreuung folgen wollen – immerhin investieren manche Dachfonds in bis zu 1000 Aktienwerte. Damit kommen sie der ursprünglichen Idee der Investmentfonds recht nah; sie sind rentabel und risikogedämpft. Und sie bieten einen weiteren Vorteil: Die Volatilität – also Schwankungsbreite – nimmt deutlich gegenüber einem einzelnen Fonds ab. Ein Dachfonds sollte sich also relativ stabil entwickeln. Allerdings sind die Ertragschancen hier nur mittelmäßig, denn ein Dachfonds kann nicht besser als der beste Einzelfonds sein.

Ansonsten ist wie bei anderen Investmentfonds die Einmalanlage eines bestimmten Geldbetrages genauso möglich wie das allmähliche Ansparen ab 100 Mark im Monat. Auch wird der Anteilswert börsentäglich veröffentlicht.

Bis Mitte 2000 gab es nach Auskunft des BVI über 90 solcher Sondervermögen mit einem Volumen von etwa 17 Milliarden Mark. Da sie erst seit so kurzer Zeit auf dem Markt sind, lässt sich ihre Wertentwicklung noch nicht einschätzen.

Immobilienfonds

Immobilienfonds sind bei den Anlegern in Ungnade gefallen. Die schlechte Rendite der letzten Jahre hat den Ruf dieser Fonds als bodenständige Geldanlage beschädigt. Die Fondsvermögen erreichten Ende Juni 2000 nur noch 47,8 Milliarden Euro.

Mit offenen Immobilienfonds investiert man üblicherweise in gewerblich genutzte Bürohäuser oder Einkaufszentren, auch im europäischen Ausland. Die Sachwertanlage wurde vor 50 Jahren in der finanzsoliden Schweiz erfunden. Wie sicher offene Immobilienfonds eingeschätzt werden, zeigt die Tatsache, dass sie von Vormundschaftsgerichten zur Anlage von Mündelgeldern zugelassen sind.

Die Rendite der offenen Immobilienfonds setzt sich zusammen aus laufenden Miet- und Pachteinnahmen und dem langfristig zu erwartenden Wertanstieg der Immobilie. Grundsätzlich liegt die Rendite der offenen Immobilienfonds unter der von Renten- und Aktienfonds. Der schwierige Immobilienmarkt ließ die Renditen sinken.

Empfehlenswert sind die Entnahmepläne der offenen Immobilienfonds. Sie bilden eine echte Alternative zu Kapitallebens- und privater Rentenversicherung, die zwar ähnliche Renditen und Sicherheiten aufweisen, aber in der Handhabung weniger flexibel sind.

Deswegen der besondere Tipp: Sparen Sie langfristig in Aktienfonds an und schichten Sie dann rechtzeitig vor der Pensionierung in offene Immobilienfonds um. Hier sind risikoarme Fondsarten mit gleichmäßiger Wertentwicklung empfehlenswert. Prinzipiell sind offene Immobilienfonds für sehr sicherheitsbewusste Anleger geeignet.

Was die Entwicklung der Immobilienfonds angeht, so zogen die Anleger im Jahr 2000 bis zur Jahresmitte fast zwei Milliarden aus den offenen Immobilienfonds ab, obwohl viele wichtige Immobilienmärkte die Talsohle durchschritten haben und die Renditen wieder nach oben zeigen. In Jahresfrist lieferten sie nur einen durchschnittlichen Zuwachs von 3,7 Prozent. In den Anlagezeiträumen über fünf, zehn und 20 Jahre erreichten sie ein Plus von 26,1 Prozent, 85,3 Prozent und 250,6 Prozent. Dies zeigt, dass offene Immobilienfonds bei langfristigem Anlagehorizont mit durchschnittlich gut über 6 Prozent pro Jahr rentierten.

Indexfonds

Papiere, die Indizes exakt nachbilden, sind bei uns erst seit dem Inkrafttreten des dritten Finanzmarktförderungsgesetzes, also seit April 1998 zugelassen. In Großbritannien und den USA spielen sie schon lange eine große Rolle.

Indexfonds kopieren die Zusammensetzung eines bestimmten Index so weit wie möglich. Damit folgt die Wertentwicklung des Fonds, die, wie die Börsianer sagen, weitestgehend der Entwicklung des Index. Steigt beispielsweise der Anteil einer bestimmten Aktie innerhalb eines Index aufgrund von Kursgewinnen oder der Ausgabe neuer Aktien stärker an als andere Werte, wird im entsprechenden Indexfonds die Verschiebung der Gewichtung nachvollzogen. Bei steigenden Aktien ist man durch den Kauf eines Index automatisch auf der Gewinnerseite. In schlechten Zeiten dagegen, die an der Börse zwischendurch unvermeidlich sind, nehmen Anteilseigner von Indexfonds an der Talfahrt ohne Netz oder Fallschirm teil.

Bislang gibt es nur indexnahe Fonds in Deutschland. Die meisten sind an den Verlauf des DAX gekoppelt. Der Grund für die deutsche Zurückhaltung ist, dass die Indices oftmals einen größeren Aktienanteil einer bestimmten Aktiengesellschaft enthalten, als ihn die Fondsmanager abbilden dürfen.

Auch für diese Anlageform werden Managementgebühren erhoben: jährlich zwischen 0,4 und 0,6 Prozent des Depotwertes. Zusätzlich fällt beim Erwerb der übliche Ausgabeaufschlag von 3,5 bis 5 Prozent an.

Mittelfristig dürften sich Indexfonds – ganz nach dem Vorbild der angloamerikanischen Länder – zu einer der wichtigsten Fondsarten entwickeln. Dort weichen Anleger immer häufiger auf so genannte passiv gemanagte Produkte aus, deren Portfolios wie Indizes zusammengesetzt sind. Die auf aktive Titelauswahl setzenden Fondsmanager – also die aktiv gemanagten Fonds – erzielen nämlich häufig schlechtere Anlageergebnisse als die Indizes, weil es vielen Fondsmanagern nicht gelingt, den Markt zu schlagen. Bei passiv gemanagten Fonds entsteht eine Art Automatismus, und das Portfolio kann kein schlechteres Anlageergebnis ausweisen als der Index.

Indexfonds eignen sich durch ihre strikte Orientierung am jeweiligen Börsenbarometer für Anleger, die in einen Markt investieren wollen, dem sie in Bezug auf die Gesamtbörse eines bestimmten Landes, eines bestimmten Segments oder einer bestimmten Branche gute Chancen geben.

Vor allem im angelsächsischen Raum sind Indexfonds sehr verbreitet. In Amerika hat der Erfolg dieser Idee in den letzten Jahren die kühnsten Erwartungen übertroffen. Etwa ein Drittel aller Gelder institutioneller Anleger – Versicherungen, Banken oder Pensionsfonds – wird nach dieser Maßgabe verwaltet. Nachdem es an den US-Börsen jahrelang nach oben ging, war dieses Konzept zu einer stark nachgefragten Anlagevariante geworden. Jenseits des Atlantiks wurde die Entwicklung zusätzlich durch die börsengehandelten Indexfonds gefördert, die unter anderem mit niedrigen Kosten und hoher Liquidität locken.

Diesen Erfolg will die Deutsche Börse in Frankfurt nun nach Europa importieren. Sie etablierte am 11. April 2000 ein eigenes Marktsegment für börsengehandelte Indexfonds: Exchange Traded Funds, kurz XTF. Dabei handelt es sich um eine Mischform zwischen Investmentfonds und Aktien, die 1993 in den USA entwickelt wurde. Investoren kaufen hier im Gegensatz zu einem klassischen Investmentfonds keine Fondsanteile mit entsprechenden Gebühren und Preisaufschlägen, sondern Anteile an diesen Fonds in Aktienform. Die Anteile werden wie Aktien an der Börse gehandelt. Anders als beim klassischen Investmentfonds wird der Nettovermögenswert des Fonds also nicht nur einmal am Tag festgestellt, sondern er variiert wie bei allen anderen Aktien während der Börsenzeiten laufend. Exchange-Traded-Funds sind in der Regel billiger zu haben als Fondsanteile: Die Gebühren liegen zwischen 0,18 und 0,5 Prozent.

Europaweit wurde damit erstmals der Handel mit diesen Fonds in einem eigenen Segment aufgenommen. Er startete mit zwei Investmentfonds auf Basis der Indizes des Anbieters Dow Jones: dem Dow Jones Euro Stoxx 50 mit den interessantesten 50 Unternehmen der elf Euroländer und dem Dow Jones Stoxx 50, der die 50 interessantesten Unternehmen aus 16 verschiedenen europäischen Aktienmärkten zusammenfasst.

Dabei tritt die Börse nicht selbst als Emittentin auf, sondern stellt in dem Segment lediglich einen Rahmen und die notwendigen Daten zur Verfügung. Die Notierung der Fonds erfolgt fortlaufend auf dem elektronischen Handelssystem Xetra und im maklergestützten Handel. Der Preis für einen Anteil entspricht einem vom Emittenten festgelegten Bruchteil des Indexwertes. Mindestens zwei Marktbetreuer für jeden Indexfonds sollen auf Xetra für ausreichende Liquidität sorgen.

Bis zum Jahreswechsel 2000/2001 wird das XTF-Marktsegment in Frankfurt durch zwei weitere Indexfonds auf DAX (repräsentiert die 30 wichtigsten deutschen Börsenwerte, auch Blue Chips genannt) und

Nemax 50 (die 50 größten und liquidesten Werte des Neuen Marktes in Frankfurt) erweitert. Weitere Fonds auf Basis der Deutsche-Börse-Indexfamilie könnten im ersten Quartal 2001 folgen. Es handelt sich dabei um Fonds auf den Mdax (der MidCap-DAX oder Nebenwerte-Index mit den 70 liquidesten Aktienwerten der zweiten Reihe), den Nemax-All-Share-Index (Index des Neuen Marktes, der alle dort notierten Aktien zusammenfasst) und die zehn Nemax-Branchenindizes.

Bisher hielt sich der Erfolg des neuen Indexfonds-Marktsegmentes in Grenzen. Die Gründe dürften auch in der begrenzten Zahl der Produkte und der mangelnden Popularität dieser Anlageform liegen.

In Amerika sind schon mehr als 30 Milliarden Dollar in XTFs investiert worden. Die populärsten orientieren sich am S&P 500 (Index aus 500 an der New York Stock Exchange gelisteten Titel). Allein der Vanguard-Index-500-Fonds entwickelte sich mit einem Fondsvolumen von etwa 100 Milliarden Dollar zum weltweit größten Aktienfonds.

Was die Entwicklung der Indexfonds in Deutschland angeht, so verwalteten 2000 29 indexorientierte Fonds Einlagen von über zehn Milliarden Euro. Im ersten Halbjahr flossen über zwei Milliarden in diese Fondsart.

An der Frankfurter Börse rechnen Experten nach einem eher langsamen Start in den ersten Monaten mit einem Aufschwung. Das Fondsvermögen der beiden Stoxx-Produkte belief sich im August 2000 auf 450 Millionen Euro bei einem durchschnittlichen täglichen Handelsvolumen von acht Millionen Euro.

Rentenfonds

Es gab Zeiten, da lagerte fast jede zweite Fondsmark in einem Rentenfonds. Aber in den letzten Jahren stand der Rentenmarkt ganz im Schatten der Aktieneuphorie. Allein im ersten Halbjahr 2000 mussten die Rentenfonds wieder Mittelrückflüsse von 2,8 Milliarden Euro hinnehmen. Per Ende Juni verwalteten 603 Fonds nur noch 109,5 Milliarden Euro. Seit November 1990 gab es einen stetigen Zinsabbau. Nun werden festverzinsliche Wertpapiere nach langer Niedrigzinsphase langsam wieder attraktiv. Denn seit Mitte 1999 steigen die Kapitalmarktzinsen kontinuierlich. Trotzdem sind die Renditen von

Rentenfonds häufig geringer als die von Bundesschatzbriefen (siehe oben). Zudem behaupten böse Zungen, Rentenfonds seien gewaltige Gewinnmaschinen für die Fondsgesellschaften.

Rentenfonds halten mindestens 20 festverzinsliche Wertpapiere, eventuell beschränkt auf bestimmte Währungen und Länder. Die Laufzeiten der gehaltenen Papiere decken in der Regel nahezu das gesamte Spektrum ab.

Für Rentenfonds gelten im Grunde die gleichen Gesetze wie für die darin enthaltenen Anleihen. Sie sind im Wesentlichen durch folgende Merkmale gekennzeichnet: einen festen Zins, eine festgelegte Laufzeit und den vorher bestimmten Nennwert, zu dem sie zurückgezahlt werden. Da aber der Kapitalmarktzins während der Laufzeit einer Anleihe mehr oder weniger stark schwankt, erfolgt die Anpassung an die Zinsentwicklung über den Kurs der Anleihe. Entsprechend unterliegt auch der Rentenfonds der Faustformel: Sinkende Zinsen bringen steigende Kurse, steigende Zinsen führen zu sinkenden Kursen.

Bei in ausländischen Anleihen investierten Fonds kommt zu den genannten Komponenten eine dritte hinzu, die sich positiv wie auch negativ auf die Performance auswirken kann: die Entwicklung der einzelnen Währungen, auf welche die im Fonds gehaltenen Papiere lauten.

Die Fondsanlage in festverzinsliche Wertpapiere ist angesichts eines Ausgabeaufschlags von durchschnittlich 3 Prozent und einer jährlichen Managementgebühr zwischen 0,3 und 0,6 Prozent insgesamt zu teuer im Vergleich zur Direktanlage.

Wertentwicklung von Rentenfonds in den zurückliegenden Jahren
(in Prozent)

Anlage-schwerpunkt	**Anlagedauer in Jahren**			
	1	**5**	**10**	**20**
Europa	0,0	31,6	97,9	299,8
Welt	8,2	63,0	114,2	426,9

Stand: Mitte 2000

Grundwissen: Festverzinsliche Wertpapiere

Bei den festverzinslichen Wertpapieren (oder Anleihen oder Obligationen oder Renten, die Begriffe werden meist synonym benutzt) steht der Zinssatz von vorneherein fest und gilt für die ganze, ebenso festgelegte Laufzeit. Bei diesen Papieren kennt der Anleger auch den Fälligkeitstag, an dem er sein Kapital zurückerhält.
Anleihenbesitzer sind Gläubiger, die dem Herausgeber mit Kauf des Wertpapiers ein gewisses monetäres Volumen zu Verfügung stellen. Sie verschaffen ihm also ein Darlehen. Als Gegenleistung bekommt man einen über die gesamte Laufzeit festgeschriebenen, unveränderlichen und regelmäßigen Zins. Verzinsung und die Rücknahme des Schuldscheines zum vollen Nennwert nach Ablauf der entsprechenden Bindungszeit sind garantiert. Damit kann der Anleger den Ertrag im Voraus kalkulieren.
Für Institutionen wie Staat, Geschäftsbanken oder Industrieunternehmen bietet sich mit Renten die Möglichkeit, bei einer Vielzahl von Investoren gleichzeitig einen Kredit aufzunehmen, indem sie den Geldbetrag, den sie leihen wollen, stückeln, ihn auf vereinheitlichte Urkunden verbriefen und diese Urkunden an die Investoren verkaufen. Die Kleinkredite sind damit Teilschuldverschreibungen. Dabei verpflichten sich die Aussteller – die so genannten Emittenten –, den verbrieften Kreditbetrag an die Inhaber der Papiere zurückzuzahlen und zusätzlich Zinszahlungen auf den Kreditbetrag zu leisten. Effektiv lieferbare Teilschuldverschreibungen bestehen deshalb zumeist aus zwei separaten Urkunden: einem Mantel, der den Rückzahlungsanspruch dokumentiert, und einem Bogen mit mehreren Zinskupons, auf denen jeweils der Zinsanspruch für einen bestimmten zukünftigen Zinstermin festgeschrieben ist.
Klassische Anleihen sind die Schuldverschreibungen der öffentlichen Hand. Sie werden als öffentliche Anleihen bezeichnet. Damit leihen sich Bund, Länder und Gemeinden mittel- bis langfristig große Geldsummen, mit denen sie bestimmte Vorhaben finanzieren. Daneben gibt es Schuldverschreibungen der Kreditinstitute. Auch diese beschaffen sich auf diese Weise Liquidität, ebenso wie ausländische Emittenten: andere Staaten, ausländische Banken und Unternehmen – und das in verschiedenen Währungen.
Wie sicher das in Renten angelegte Kapital ist, hängt letztlich von der Zuverlässigkeit des Ausstellers der Wertpapiere ab. Bei schlechter

Bonität läuft man Gefahr, dass der Schuldner seinen Verpflichtungen zur termingerechten Erfüllung von Zins- und Tilgungszahlungen nicht nachkommen kann. Der Bund gilt trotz riesiger Schulden als sicherer Emittent. Immerhin stehen das Staatsvermögen und unser aller Steueraufkommen als Sicherheit dagegen. Genauer muss man sich allerdings die Aussteller von Industrieobligationen oder Unternehmensanleihen ansehen. Schwierig ist die Beurteilung des Anlagerisikos bei ausländischen Emittenten.

Aktuelle Informationen zu Fonds, Fondsvolumina und Wertzuwächse erhalten Sie beim BVI Bundesverband Deutscher Inverstment-Gesellschaften e.V.

Tipps zur Anlage in Investmentfonds

Grundsätzlich ist zu beachten, dass der Anlagehorizont für Investmentfonds zumindestens mittel-, besser langfristig ist. Diese Zeit ist nötig, um die Kosten aufzufangen, die mit dieser Anlageform verbunden sind. Außerdem braucht sich der Anleger dann um kurzfristige Schwankungen nicht zu sorgen.

Bei der Auswahl des richtigen Fondstyps hilft der mehr oder weniger ausgeschöpfte Sparerfreibetrag – siehe dazu das Kapitel »Steuerliche Aspekte«. Ist der Freibetrag noch nicht ausgeschöpft, kann in Renten- und Geldmarktfonds investiert werden. Liegen Sie oberhalb der Freibeträge, sollten Sie aus steuerlichen Gründen offene Immobilienfonds oder Aktienfonds bevorzugen. Besonders steuergünstig sind Aktienfonds. Halten Sie diese länger als zwölf Monate, ist der Ertrag steuerfrei.

Regelmäßiges Einzahlen kleiner Summen in Aktienfonds ist gerade auf hohem Kursniveau sicherer als eine einmalige hohe Summe. Denn hier drohen empfindliche Verluste.

Je näher der Rentenbeginn, desto größer sollte der Anteil des Vermögens sein, der in sicheren Investmentfonds steckt. Das heißt für den Anleger: umschichten oder wechseln. Am besten in offene Immobilienfonds. Achten Sie schon vorher darauf, dass dies möglichst günstig geschehen kann.

Die Investmentbranche umwirbt neue Fonds besonders stark. Man sollte aber nicht auf jeden neuen Fonds-Zug aufspringen. Informieren Sie sich über Chancen und Risiken des Konzepts. Zurückhaltung ist geboten, wenn diese schwer zu beurteilen sind.

Nehmen Sie in Ihr Portfolio zunächst die Standards auf: wenige deutsche, hauptsächlich europäische und internationale Fonds.

So informieren Sie sich

Auf die Investition in Investmentfonds gilt es sich vorzubereiten. Gehen Sie einfach nur zu Ihrer Hausbank, rät man Ihnen ausschließlich zu den eigenen Produkten. Denn mittlerweile haben alle größeren Banken und auch die Sparkassen Investmenttochtergesellschaften. Und deren Angebote verkaufen sie am liebsten – der Provision wegen.

Es gibt auch freie Anbieter, so genannte Fonds-Shops oder -Boutiquen, die unabhängig beraten, die man aber kritisch auswählen sollte. Vorteilhaft ist hierbei die geringere Bindung an bestimmte Gesellschaften und die meist geringeren Kosten. Man kann sich auch direkt an die Fondsgesellschaften wenden, dort kaufen und verwahren. Eine weitere Alternative bieten Direktbanken oder Discount-Broker.

Zuvor muss der Anleger allerdings den effektivsten oder zumindest einen akzeptablen Fonds unter den Angeboten herausfinden. Hier unterstützen Fachzeitschriften wie *Finanztest* von der Stiftung Warentest, die regelmäßig Fondsvergleiche veröffentlicht. Auch die Verbraucherberatungsstellen bieten solche Informationen. Eine weitere empfehlenswerte Quelle ist der quartalsweise erscheinende Fondsvergleich des BVI, des Bundesverbands Deutscher Investmentgesellschaften. Hier finden Sie die Wertentwicklung aller Fonds von einem Monat bis zu 20 Jahren. Das zeigt, welche Fonds mit den Geldern ihrer Kunden am besten gewirtschaftet haben. Sinnvoll ist dabei, mehrere Vergleichsperioden auszuwählen. Haben Sie schon eine gewisse Vorauswahl getroffen, lassen Sie sich Verkaufsprospekte und Rechenschaftsberichte der Investmentgesellschaften zusenden. Aber Achtung! Die Wertentwicklung der einzelnen Fonds resultiert aus der Entwicklung in der Vergangenheit. Prognosen lassen sich daraus nicht ableiten. Es gibt keine Garantie, dass gute Ergebnisse auch in der Zukunft erwirtschaftet werden. Informationen über verschiedene Fonds bei:

BVI Bundesverband Deutscher Investmentgesellschaften
Eschenheimer Anlage 28
60318 Frankfurt
Telefon: 069/1540 90-0
www.bvi.de

Haben Sie einen interessanten Fonds gefunden, lassen Sie sich einen Fondsprospekt geben oder zusenden. Dieser muss – nach dem Gesetz über Kapitalanlagegesellschaften – für Ihre umfassende Information sorgen. Der Gesetzgeber will damit sicherstellen, dass jeder weiß, worauf er sich einlässt.

Als erste Information und Vertragsgrundlage dient der Verkaufsprospekt, in dem Anlageziele, die Anlagepolitik und Anlageformen sowie die Vertragsbedingungen erläutert werden.

Nach dem KAAG, dem Gesetz über Kapitalanlagegesellschaften, sind alle Fondsgesellschaften verpflichtet, für jeden Fonds am Ende des Geschäftsjahres einen Rechenschaftsbericht zu erstellen. Die Vermögensaufstellung gibt einen Überblick, welche Aktien und Papiere zum Stichtag im Depot lagern, welche Käufe und Verkäufe im Jahr getätigt wurden. Die Ertrags- und Aufwandsrechnung gibt Hinweise zu den Kosten. Nachzuvollziehen muss außerdem die Entwicklung des Fonds sein, insbesondere die Wertentwicklung des Anteilspreises im Laufe des Jahres und der drei letzten Jahre. Zusätzlich erläutert der Textteil die Strategie des abgelaufenen und des kommenden Jahres. Der Rechenschaftsbericht muss von einem unabhängigen Wirtschaftsprüfer kontrolliert werden.

Sparen lässt sich übrigens auch beim Investmentkauf. Einen reduzierten Ausgabeaufschlag bieten Discount-Broker oder Direktbanken. Gerade im Zuge der aktuellen Veränderungen in der Bankenbranche gibt es viele neue und günstige Angebote, beispielsweise über das Internet.

Auch werden immer öfter Fonds ohne Ausgabeaufschlag angeboten, so genannte No-load-Fonds oder Trading-Fonds. Das muss aber keineswegs günstiger sein, denn die Gesellschaften behalten alljährlich Vertriebsprovisionen ein, was auf Dauer die Kosten in die Höhe treibt. Der Kostenvergleich muss im Einzelfall getätigt werden. Grundsätzlich ist dies nur bei kürzeren Engagements sinnvoll.

Mehr Transparenz bei Wertpapierdienstleistungen
Das Bundesaufsichtsamt für den Wertpapierhandel (BAWe) hat im Juli 2000 eine neue Verhaltensrichtlinie für mehr Transparenz bei Wertpapierdienstleistungen veröffentlicht. Danach muss der Kunde unterschiedliche Interessenlagen erkennen können. So soll es beispielsweise deutlich sein, wer welches Gebühreninteresse hat. Daher müssen auch verdeckte Entgelte und sonstige geldwerte Vorteile wie Vermittlungsprovisionen und die kostenlose Überlassung von Analysen offen gelegt werden. Der Anleger hat das Recht zu erfahren, wer wie viel an seinen Wertpapiergeschäften verdient.

Vor- und Nachteile von Investmentfonds

Vorteile	Nachteile
Die Wertentwicklung von Investmentfonds ist täglich nachvollziehbar. Gut für Einsteiger wie Anlageprofis Staatliche Unterstützung Mit kleinen monatlichen Schritten kann auf einen langen Zeitraum ein schönes Vermögen erzielt werden.	Menge der angebotenen Investmentfonds sehr unübersichtlich für unerfahrene Anleger Teilweise hohe Kosten beim Kauf Abhängigkeit von einer gegebenenfalls negativen Börsenentwicklung

Index-Zertifikate

Sie heißen Beteiligungsscheine, Stars, Baskets, Perles, Bull-Zertifikate, Partizipationsscheine oder einfach Zertifikate. Die ersten kamen Anfang der neunziger Jahre auf den Markt, doch erst seit wenigen Jahren machen sie Furore bei Bankern und Anlegern. Mittlerweile sind über 200 Zertifikate auf dem Markt. Sie sind eine echte Alternative zur kostspieligen und risikoreichen Direktanlage in Aktien und zu den vergleichsweise billigeren Investmentfonds, die aber Ausgabeaufschläge verlangen. Mit einem Index-Zertifikat kann man tatsächlich günstig die Wertentwicklung eines gesamten Marktes kaufen. Die Alternative dazu wäre fast unerschwinglich: Man müsste beispielsweise alle 225 Aktien des japanischen Nikkei-Index ins Depot nehmen. Index-Zertifikate bieten Anlegern eine breite Streuung und ein damit reduziertes Risiko.

Es handelt sich um Schuldverschreibungen der Banken, also um Anleihen. Wie bei den anderen börsennotierten Wertpapieren dieser Art ist der Käufer Gläubiger und überlässt dem Emittenten sein Geld nur leihweise, um es nach Ablauf einer bestimmten Frist zurückzuverlangen. Allerdings erfolgen im Gegensatz zu den üblichen Anleihen keine Zins-, sondern lediglich Rückzahlungen am Ende der Laufzeit. Und deren Höhe richtet sich nach dem Wert der Aktien, die dem Zertifikat zugrunde liegen. Bei Index-Zertifikaten entspricht er also dem jeweiligen Stand des entsprechenden Index. Zertifikate gehören zu den Derivaten, sind aber im Vergleich zu Futures, Optionen und Optionsscheinen mit einem sehr viel geringeren Risiko behaftet.

Derivate

Der Begriff stammt vom lateinischen »derivare«, das mit »ableiten« übersetzt werden kann. Derivate sind also Finanzinstrumente, die von anderen Finanzprodukten abgeleitet werden oder denen andere Finanzprodukte zugrunde liegen. Letztere werden als Basiswerte oder Underlyings bezeichnet. Es können sein: Aktien, Aktienkörbe – so genannte Baskets –, Indizes, Anleihen, Währungen oder auch Waren und Rohstoffe. Die Wertentwicklung der Derivate hängt von diesen ab. Der Ursprung des Terminhandels liegt im Geschäft mit Rohstoffen. Produzenten, die sich gegen sinkende Preise absichern wollten, trafen im Voraus Absprachen mit ihren Kunden, um Preise und Liefermengen für ihre Waren, beispielsweise Getreide, Öl oder Schweinebäuche, für einen bestimmten Termin in der Zukunft festzulegen. Daraus entstanden die Warenterminbörsen.
Dasselbe Prinzip gilt für Finanzderivate. Die Idee ist, mit einem niedrigen Kapitaleinsatz überproportional an der Wertentwicklung des Underlyings teilzunehmen. Die wichtigsten Derivate sind Futures, Optionen und Optionsscheine. Derivate sind die schnellsten und spekulativsten Geschäfte der Börse.

Index-Zertifikate orientieren sich am Börsenbarometer: DAX, Dow Jones, Dow Jones Euro Stoxx 50, Nikkei oder S&P. Damit sind sie sehr transparent. Jeder Anleger weiß, was er einkauft, und kann die Entwicklung leicht in der Tageszeitung verfolgen. Durch die breite Streuung ist das Risiko der Geldanlage relativ gering. Das Risiko eines Index-Zertifikats ist mit dem eines Index-Fonds vergleichbar – es ist allerdings viel billiger zu haben. Außerdem fällt das Managementrisiko weg.

Damit sind Zertifikate sowohl für den Einsteiger geeignet, der einfach und preisgünstig einen Index »kaufen« will, als auch als strategisches Finanzinstrument für Fortgeschrittene.

Börsen-Indizes

Der DAX ist die unumstrittene Nummer 1 in Deutschland. Die wichtigsten deutschen Börsenwerte, meist namhafte und alteingesessene Konzerne mit Milliardenumsätzen, sind die Grundlage für die Berechnung des DAX, des Deutschen Aktien-Index. Hier sind die 30 größten Aktientitel nach Börsenumsatz und Marktkapitalisierung der so genannten Standardwerte des amtlichen Handels zusammengefasst.

Der bekannteste Aktienindex der Welt ist der Dow Jones. Seit dem 6. Mai 1896 wird der Dow Jones Industrial Average (DJIA) – so der komplette Name – börsentäglich vom amerikanischen Verlagshaus Dow Jones, das auch das *Wall Street Journal* herausgibt, ermittelt. Oftmals wird der Dow Jones mit dem amerikanischen Aktienmarkt gleichgesetzt, obwohl die 30 Index-Unternehmen mit ihrer Marktkapitalisierung nur ein Fünftel des Marktes abbilden. In den letzten Jahren gab es starke Kritik am Fehlen des Technologiesektors. Dabei soll der Index gerade ein Spiegelbild der Wirtschaft sein. So kam es im Oktober 1999 zu der weit reichenden Entscheidung des Indexkomitees, den bislang ausschließlich an der New York Stock Exchange gelisteten 30 Werten die ersten Nasdaq-Aktien hinzuzufügen: Microsoft und Intel.

Der Dow Jones Euro Stoxx 50 wird der zukünftig wichtigste europäische Index sein. Er umfasst die 50 interessantesten Unternehmen von Euroland. Schon bald nach seiner Einführung im Februar 1998 diente der Dow Jones Euro Stoxx 50 als Basis für indexorientierte Investmentfonds und für Index-Zertifikate. Für die zukünftige Vorreiterrolle des Dow Jones Euro Stoxx 50 spricht, dass er den gesamten Euro-Raum

gut abbildet. Zwölf der Dow-Jones-Euro-Stoxx-50-Werte sind deutsche – damit hält Deutschland den größten Anteil.
Noch immer das wichtigste japanische Börsenbarometer ist der Nikkei. Der japanische Aktienindex wird seit Mai 1949 von der Finanzzeitung *Nihon Keizal Shimbun* veröffentlicht. Zugrunde liegen 225 an der Börse Tokio im amtlichen Handel notierte Aktien. Allerdings repräsentiert der Index noch die Nachkriegswirtschaft und spiegelt deshalb nicht mehr die japanische Volkswirtschaft insgesamt.
Einen Überblick über den amerikanischen Aktienmarkt liefert der S&P 500. Die Rating-Agentur Standard & Poor's in New York berechnet seit Anfang der zwanziger Jahre den S&P-Kursindex, der 500 an der New York Stock Exchange gelisteten Titel enthält. Er spiegelt vier Fünftel des amerikanischen Aktienmarktes wider, dabei hat der Technologiesektor ein Gewicht von 25 Prozent.

Der Käufer eines Zertifikats partizipiert an Gewinn und Verlust eines bestimmten Börsenbarometers. Index-Zertifikate haben in der Regel ein einfaches Bezugsverhältnis, meist 1:10 oder 1:100. Das bedeutet: Steht der DAX bei 7800 Punkten, dann kostet ein entsprechendes Zertifikat 78 oder 780 Euro. Wenn die Aktien und der entsprechende Index steigen, so steigen auch die Zertifikate. Klettert der DAX auf 8400 Punkte, ist das Zertifikat 84 oder 840 Euro wert. Sinkt er dagegen auf 7300, dann hat man 5 oder 50 Euro verloren.

Damit spiegelt der Preis eines Index-Zertifikats die Kursbewegungen des zugrunde liegenden Index wider. Und alle Einflussfaktoren, positive wie negative, die zu Veränderungen der Wertpapierkurse führen, wirken sich auf den Indexstand aus – und auf den Preis des Zertifikats. Das bedeutet auch: Je volatiler, also schwankender der Kurs der dem Index zugrunde liegenden Papiere ist, desto heftiger bewegt sich auch der Preis eines Index-Zertifikats. Einen Gewinn macht der Anleger mit Index-Zertifikaten nur, wenn der Index und damit der Preis für das Zertifikat steigt. Verluste können nicht kompensiert werden.

Dabei haben diese Zertifikate im Gegensatz zu Direktanlagen in Aktien oder zu Fondsinvestments den Nachteil einer stets begrenzten Laufzeit. Meist beträgt sie mehrere Jahre. Während dieser Phase finden keinerlei periodische Zahlungen statt. Längerfristig orientierte

Anleger sollten also auf eine möglichst späte Fälligkeit achten. Manche Zertifikate werden mit einer Laufzeitverlängerungsklausel angeboten, die eine mehrmalige Verlängerung um drei oder fünf Jahre ermöglicht. Der Langzeitanleger kann so Kosten sparen.

Aber kein Anleger ist gezwungen, ein Zertifikat bis zum Schluss zu halten. Denn manche Emittenten bieten ihre eigenen Zertifikate permanent zum Kauf an und verpflichten sich außerdem, diese jederzeit oder zu bestimmten Terminen und nicht nur am Laufzeitende zurückzunehmen. Die Zertifikate können vor Ablauf der Laufzeit jederzeit an der Börse veräußert werden. Das ist in der Baisse notwendig, denn dann hilft nur die Notbremse: Verkauf, auch wenn man damit Verluste nur begrenzt. Tief greifende Kursverluste lassen sich bei Zertifikaten nicht so einfach wie bei Aktien aussitzen. Umgekehrt hat man bei diesen Derivaten ein Problem in der Hausse: Mehr als die Indexsteigerung gibt es nicht.

Checkliste: Worauf Sie bei der Auswahl des Index-Zertifikats achten müssen

- **Währung:** Bei beispielsweise in Dollar herausgegebenen Zertifikaten trägt der Anleger zusätzlich zum Kursrisiko noch das Währungsrisiko.
- **Cap:** Das ist die Obergrenze, also die Kappung der Gewinne. Einige Index-Zertifikate haben eine Obergrenze, über die der Wert des Zertifikats nicht hinauswachsen kann. Um keine Gewinnchancen auszulassen, sollte man Zertifikate ohne Cap wählen.
- **Index-Art:** Unerfahrene Investoren sollten nur in Zertifikate auf Performance-Indices gehen, die die Wertentwicklung berücksichtigen. Dann lässt sich auch die des Zertifikats am leichtesten beurteilen: eins zu eins. Ein Performance-Index erfasst neben den Kursveränderungen auch die Erträge der im Index vertretenen Werte – also die Dividenden und die Erlöse aus Bonuszahlungen sowie aus dem Verkauf von Bezugsrechten. Ein Kursindex dagegen berücksichtigt nur die eigentliche Kursentwicklung. Manche Banken verkaufen deswegen Zertifikate auf Kurs-Indizes mit einem Abschlag. Praktisch ist dies der Ersatz für die entgangenen Dividenden.

- **Underlying:** Wenn ein Produkt erfolgreich läuft, bringen die Banken ständig neue Kreationen auf den Markt. Die Zertifikate unterscheiden sich hinsichtlich ihrer Ausstattungsmerkmale: Bezugsverhältnis, Laufzeit, Währung. Allerdings ist das wichtigste Merkmal für ein Zertifikat das so genannte Underlying, also die Aktien, die dem Index zugrunde liegen. Man kann auf einzelne Marktsegmente wie den Neuen Markt setzen, auf bestimmte Regionen oder auf bestimmte Branchen wie Internet oder Telekommunikation. Manche Bankinstitute legen Zertifikate auf, bei denen sie die Zusammensetzung des Aktienkorbes, so genannte Baskets, selbst festlegen. Die Wertentwicklung der individuell zusammengesetzten Aktienkörbe hängt entscheidend von der Auswahl ab. Zudem gibt es passiv und semipassiv gemanagte Aktienkorb-Zertifikate. Passiv heißt: Die Zusammensetzung des Aktienkorbes wird bei der Emission festgelegt und nur bei Übernahmen, Konkursen oder Zusammenschlüssen verändert. Bei semi-passiv gemanagten Zertifikaten wird die Zusammensetzung des Aktienkorbes in regelmäßigen Abständen überprüft und gegebenenfalls angepasst. Bei diesen Produkten entfällt allerdings die Transparenz. Insofern sind sie mit Investmentfonds vergleichbar.

Vor- und Nachteile von Index-Zertifikaten

Vorteile	Nachteile
Teilnahme an der Entwicklung großer Märkte mit geringem Einsatz Transparentes Finanzprodukt Begrenztes Risiko	Sinkende Kurse können nicht ausgesessen werden.

Discount-Zertifikate

Mit Discount-Zertifikaten setzt man auf die Wertentwicklung einzelner Aktien oder eines Börsenindex. Der Käufer eines solchen börsennotierten Wertpapiers, das seit einigen Jahren erfolgreich auf dem

Markt ist, erwirbt ein Zertifikat, dessen Kurs- und Wertentwicklung abhängig ist von der Entwicklung einer bestimmten Aktie oder eines Börsenindex. Dabei sind die Laufzeiten relativ kurz: meist zwischen 18 und 24 Monaten. Die Zertifikate können börsentäglich verkauft werden.

Bei Fälligkeit des Discount-Zertifikats erhält der Anleger die Aktie, die dem Zertifikat zugrunde liegt, wenn der Kurs unter einer vorher vereinbarten Obergrenze liegt. Liegt der Aktienkurs über dem Cap, wird der vereinbarte maximale Rückzahlungsbetrag in bar ausgezahlt. Das Geschäft ist ein Aktieninvestment mit Preisabschlag, denn wie der Name schon sagt, gibt es für den Anleger einen Rabatt auf den aktuellen Börsenwert, der meist zwischen 10 und 20 Prozent liegt. Aber man kann sich schon denken, dass die Bankenstrategen nichts verschenken.

Bei einem Discount-Zertifikat ist der Wertzuwachs nämlich von vornherein begrenzt. Die maximal zu erzielenden Renditen erreichen zwischen 45 und 75 Prozent.

Betrachten wir ein Beispiel: Ein Anleger erwirbt ein Zertifikat auf die Y-Aktie mit einer vereinbarten Obergrenze von 48 Euro. Das Bezugsverhältnis ist 1 : 10, der Preis für ein Zertifikat beträgt 4,14 Euro. Bei einem aktuellen Aktienkurs von 53,69 Euro erwirbt er also den Gegenwert einer Aktie mit einem Rabatt von 12,29 Euro.

Sinkt der Kurs der Aktie innerhalb der vereinbarten Laufzeit unter die vereinbarte Grenze von 48 Euro, so erhält der Anleger genau den Gegenwert der Aktie. Durch seinen Rabatt macht der Anleger noch Gewinne bis zu einem Kurs von 41,40 Euro. Den größten Gewinn erzielt er, wenn der Kurs der Aktie exakt der vereinbarten Obergrenze von 48 Euro entspricht.

Steigt der Kurs der Aktie über die vereinbarte Obergrenze, so erhält der Anleger statt des Gegenwertes der Aktie nur den Wert entsprechend der Obergrenze ausgezahlt. Dennoch kann er aufgrund des Rabattes, zu dem er die Aktie in Form des Zertifikates erworben hat, einen höheren Ertrag erwirtschaften als ein Direktanleger der Aktie. Erst wenn der Kurs der Aktie über einen bestimmten Wert steigt – hier über 61,29 Euro –, hätte ein direkter Erwerb der Aktie einen höheren Ertrag erbracht.

Erreicht nun der Aktienkurs bis zum Bewertungstag kurz vor der Fälligkeit die Höchstgrenze nicht, bekommt der Anleger für seine Zertifikate die entsprechenden Aktien. Dabei ist der ursprünglich erhaltene Discount zunächst ein gewisser Puffer. Bei fallendem Kurs streicht der Anleger immer noch Gewinn ein. Steht die entsprechende Aktie allerdings am Bewertungstag noch tiefer als 41,40 Euro, dann wird das Rabattgeschäft zum Verlustgeschäft. Zum Glück hat der frisch gebackene Aktionär die Chance, dass seine Aktie eines Tages wieder steigt. Und genau das macht Discount-Zertifikate interessant. Schließlich gibt es Schlimmeres, als Anteilseigner eines guten Unternehmens zu werden – und nur Zertifikate solcher Unternehmen kommen als Underlying in Frage.

Der Erwerb von Discount-Zertifikaten ist eine sinnvolle Strategie, wenn die Erwartung einer Seitwärtsbewegung ohne große Kursausschläge besteht. In Zeiten solch geringer Kursbewegungen lässt sich mit diesen Zertifikaten eine überdurchschnittliche Rendite erzielen.

Optimal für den Anleger wäre es, wenn die zugrunde liegende Aktie steigt und am besten ganz nah an die vorher festgelegte Höchstgrenze herankommt. In diesem Falle wird am Fälligkeitstag nahezu der Höchstbetrag ausgezahlt. Der Verkauf ist dann empfehlenswert – Discount-Zertifikate sind jeden Tag über die Börse zu kaufen oder verkaufen –, wenn der Höchstwert erreicht ist. Ist die Laufzeit der Zertifikate, meist zwei Jahre, zu diesem Zeitpunkt noch nicht beendet, nimmt die Bank die Papiere dennoch zurück. Sie nimmt dann aber einen Abschlag auf den rechnerischen Kurs vor. Die Höhe hängt von der verbliebenen Laufzeit des Zertifikats ab.

Bei fallenden Kursen machen Anleger mit Discountzertifikaten so lange Gewinn, bis der reduzierte Wert erreicht ist, den sie bezahlen mussten. Dann ist nur noch Abstoßen sinnvoll, da nach Kurseinbrüchen wegen der kurzen Laufzeit keine Erholung mehr zu erwarten ist.

Betrachten wir zur Verdeutlichung der Zusammenhänge anschließend ein rechnerisches Beispiel und vergleichen die Gewinn-Verlust-Entwicklung bei den Alternativen Anlage in ein Discountzertifikat und Direktanlage in die Aktie oder den Index:

Discount-Zertifikate im Vergleich zur Direktanlage in die Aktie oder den Index

Annahmen: Indexstand bei Auflage: 3664
Cap (Index): 4000 (ca. 109 Prozent)
Bezugsverhältnis: 1:10
Zertifikatpreis bei Emission: 326,78 Euro
Höchstbetrag: 400 Euro

Indexstand am Laufzeitende	Direktanlage	Anlage in ein Discountzertifikat	
	Gewinn/ Verlust (in Euro)	Rückzahlung des Discount-Zertifikats (in Euro)	Gewinn/ Verlust (in Euro)
3000	–664 (–18%)	300	–26,78 (–8%)
3500	–164 (–4%)	350	23,22 (8%)
4000	336 (9%)	400	73,22 (22%)
4500	836 (22%)	400	73,22 (22%)
5000	1336 (36%)	400	73,22 (22%)

Vor- und Nachteile von Discount-Zertifikaten

Vorteile	Nachteile
Anlage ist weniger riskant als eine Direktinvestition in eine Aktie. Preiswert Besonders günstiger Einstieg in den Aktienmarkt	Kurze Laufzeiten Wertzuwachs ist begrenzt.

Bausparen

Bausparen ist beliebt. 1999 schlossen die Deutschen neue Bausparverträge über 167 Milliarden Mark ab. Seinen in der Bevölkerung guten Ruf dürfte das Bausparen von seinen Ursprüngen haben. Kurz vor Ende des letzten Jahrhunderts entstanden in Deutschland die ersten Bausparvereine, Selbsthilfegruppen einiger Bauwilliger, die gemeinsam in einer schwierigen Zeit Wohnraum finanzierten. Mittlerweile erfuhr die Branche zwar einen erheblichen Wandel, doch Bausparen bleibt ein Klassiker. Dabei spielt es bei der Wohneigentumsfinanzierung – was die Höhe der finanzierten Beträge betrifft – nur eine untergeordnete Rolle. Bei knapp 40 000 Mark liegt die übliche Höhe eines Bauspardarlehens in den letzten Jahren.

Ein wichtiger Aspekt hierbei ist, dass Bausparen eine Absicherung in der zweiten Rangposition des Grundbuchs ermöglicht. Dadurch eignet es sich, um eine Finanzierungslücke zwischen dem üblichen Hypothekendarlehen und dem Eigenkapital zu füllen. Der Vorteil gegenüber einer zweiten Hypothek: Bausparen kostet keinen Zinszuschlag.

Mit dem Bausparvertrag erhält man ein zinsgünstiges und für die Laufzeit des Vertrages zinsfestes Darlehen. Dafür liegen die Zinsen im Ansparzeitraum kaum über dem traurigen Sparbuch-Niveau.

Hypotheken- oder Bauspardarlehen – was günstiger ist, kann nur im Einzelfall geklärt werden. Bei einem Vergleich müssen auf beiden Seiten alle Kosten und Gebühren mit hineingerechnet werden. Haben Sie schon parallel zu Ihren Bau- oder Kaufplänen ein zuteilungsreifes Bauspardarlehen in der Tasche, dann können Sie dies grundsätzlich in die Finanzierung einbauen.

Prinzipiell lohnt sich Bausparen, wenn Sie wirklich eine Immobilie bauen, kaufen oder modernisieren wollen. Als Geldanlage aus ausschließlich eigenen Finanzquellen ist Bausparen aber nicht geeignet. Es rentiert nur, wenn Sie alle staatlichen Zuschüsse (Arbeitnehmersparzulage und Wohnungsbauprämie) und vom Arbeitgeber vermögenswirksame Leistungen – siehe dazu Kapitel »Vermögenswirksame Leistungen« – erhalten. Durch die Förderung sind zweistellige Renditen möglich. Empfehlenswert ist das Bausparen damit für diejenigen, die nicht über den Einkommensgrenzen liegen.

Bausparen ist gut geeignet für sicherheitsbewusste Immobilienkäufer oder -bauer. Wer kein Risiko bei den Zinsen eingehen will, die sich auf dem Kapitalmarkt unkalkulierbar ändern können, dem kommen die von vornherein festgelegten (und günstigen) Darlehenszinsen entgegen. Dagegen spricht allerdings die schlechte Rendite. Der Neuabschluss eines Bausparvertrages lohnt sich vor allem in Niedrigzinsphasen. Dann ist der Zinsverlust relativ gering, und der Bausparer muss bei Zinssteigerungen keine teureren Hypothekenzinsen fürchten.

Die drei Phasen des Bausparens

Das Prinzip erscheint auf den ersten Blick einfach, doch tatsächlich ist ein Bausparvertrag ein kompliziertes Produkt. Das System besteht aus drei Phasen. Zunächst ist ein Bausparvertrag mit einer relativ hohen Abschlussgebühr (1 bis 1,6 Prozent der Vertragssumme) über eine bestimmte Bausparsumme zu unterzeichnen. Dazu ist ein Tarif auszuwählen. Oft obligatorisch ist dabei der Abschluss einer Risikolebensversicherung. Dieser erste Abschnitt ist die so genannte Ansparphase mit regelmäßigen monatlichen Überweisungen, die zwischen 3 und 10 Promille der Vertragssumme liegen. Möglich sind – zum schnelleren Fortkommen – auch (einmalige) Sonderzahlungen.

Bausparphase zwei beinhaltet die so genannte Zuteilung und das Warten darauf. Zu diesem Zeitpunkt sind 40 bis 50 Prozent der vereinbarten Vertragssumme angespart. Trotzdem ist der Betrag noch nicht, so der Fachterminus, »zuteilungsreif«. Bis zur Auszahlung können noch Jahre ins Land gehen. Die ungewisse Wartezeit macht die Planung des richtigen Bau- und Kaufzeitpunktes schwierig. Erst wenn der Bausparer eine Mindestwartezeit – gesetzlich festgelegt sind wenigstens 18 Monate – ausgeharrt und seine Zielbewertungszahl erreicht hat, zahlt die Bausparkasse den gesamten Wohnungsbaukredit aus.

Die Bewertungszahl errechnet die Bausparkasse aus Sparsumme und Spardauer. Die Bausparer mit der höchsten Bewertungszahl haben jeweils als Erste Anspruch auf Zuteilung des Bauspardarlehens. Zudem hängt der genaue Zeitpunkt von der Höhe der Finanzierungsmittel ab, über die die Bausparkasse verfügt. Der Bausparer selbst hat also keinen Einfluss darauf, wann er endlich zu seinem Geld kommt. Wer seinen Bausparvertrag sofort in Höhe des Ansparbetrages einzahlt, musste bislang bis zu 50 Monate auf die Zuteilung warten. In den letzten Jahren verzeichnete der Verband der privaten Bausparkassen allerdings Auszahlungsrekorde. Parallel dazu steigt die Zahl der neu abgeschlossenen Bausparverträge weiterhin deutlich an. Das hat zur Folge, dass die Bausparer momentan die Zuteilung relativ schnell erhalten.

In der letzten Phase, der Darlehensphase nach der Investition, werden angespartes Guthaben und Darlehen ausgezahlt. Dabei sind die Darlehenszinsen moderat. Doch die schnelle Tilgung steht im Vordergrund. Sie orientiert sich an der Länge der Einzahlung, die meist nur wenige Jahre dauerte. Das bedeutet eine hohe monatliche Belastung. Üblicherweise sind die monatlichen Raten bei einer Hypothekenfinanzierung geringer. Sondertilgungen sind jederzeit ohne zusätzliche Kosten möglich.

Bauspartarife

Es soll Zeiten mit nur einem Bauspartarif gegeben haben. Aber das ist lange her. Heute stehen über 100 Tarifvarianten zur Auswahl. Aus diesem Grund lassen sich nur einige grundsätzliche Empfehlungen geben.

Zunächst sollten Sie über die Höhe des Bauspardarlehens und die Ansparzeit entscheiden. Die Höhe der Guthabenzinsen ergibt sich aus dem gewählten Tarif. Eine Übersicht über die wichtigsten Tarifarten finden Sie in der Tabelle auf Seite 76.

Standardtarife sind empfehlenswert für Bausparer mit festen Bau-/Kaufabsichten. Sie sparen 40 Prozent der Bausparsumme an; das Darlehen liegt bei 60 Prozent.

Beim Schnellspartarif sind Anspar- und Tilgungszeit kürzer. Er ist geeignet für kleinere Darlehenssummen.

Wer keine konkreten Eigenheimpläne hat und erst einmal ansparen und die staatlichen Prämien genießen will, der wähle einen Langzeittarif mit möglichst hoher Guthabenverzinsung. Ein Single schließt dafür einen Vertrag mit einer Bausparsumme bis zu 16 000 Mark,

Ehepaare bis zu 34 000 Mark ab. Die relative Höhe der Darlehenszinsen muss nicht stören, weil das Darlehen ja nicht benötigt wird.

Bauspartarife

	Standardtarif	**Schnellspartarif**	**Langzeittarif**
Wunsch	in 7 bis 8 Jahren bauen oder kaufen	für Finanzierung in begrenzter Höhe, beispielsweise für Modernisierungsmaßnahmen	zunächst ansparen, Verwendung unbestimmt
Ansparzeit	6 bis 8 Jahre	4 bis 5 Jahre	10 bis 11 Jahre
Sparbeitrag	4 bis 5 Promille der Bausparsumme	8 bis 10 Promille der Bausparsumme	3 bis 3,5 Promille der Bausparsumme
Guthabenzinsen	niedrig	niedrig	höher als bei Standard- und Schnellspartarif
Mindestsparguthaben	40 Prozent der Bausparsumme	40 Prozent der Bausparsumme	40 Prozent der Bausparsumme
Tilgungsdauer	10 bis 11 Jahre	5 bis 8 Jahre	12 bis 17 Jahre
Tilgungsbeitrag	6 Promille	7 bis 8 Promille	3,5 bis 5 Promille
Darlehenszinsen	moderat	moderat	höher als bei Standard- und Schnellspartarif

Darüber hinaus gibt es zahlreiche Wahl- oder Optionstarife, bei denen viele Parameter auch während der Laufzeit verändert werden können. Doch Unentschlossenheit und Flexibilität haben ihren Preis. In den meisten Fällen muss außerdem vor Auszahlung ein Mindestsparguthaben von 50 Prozent erreicht werden.

Problematisch können aber auch feste Guthaben- und Darlehenszinsen sein. Kommt es nicht zu dem beabsichtigten Bau-/Kaufvorhaben, gibt es nur bescheidene Sparzinsen.

☞ Tipp: Bausparverträge sind übertragbar

Ziele können sich ändern. Das muss bei Bausparverträgen kein Handicap bedeuten. Denn Bausparer, die ihren Vertrag nicht selbst zur Finanzierung einsetzen können oder wollen, haben die Möglichkeit, den Anspruch auf das zinsfeste Darlehen weiterzugeben.
Prinzipiell liegt dabei eine Übertragung aller Rechte und Pflichten aus dem Vertragswerk an einen Dritten allein im Ermessen der Bank. Zwei Bedingungen sind zu erfüllen: Die Bausparkasse gibt ihre Zustimmung, wenn der Übernahmewillige eine ausreichende Bonität aufweist. Er muss außerdem Angehöriger sein. Dazu zählen Ehegatten, Verlobte, Kinder, Verwandte und Verschwägerte in gerader Linie, Geschwister, Kinder der Geschwister, Ehegatten der Geschwister und Geschwister der Ehegatten, Geschwister der Eltern oder Personen, die durch ein längerfristiges Pflegeverhältnis verbunden sind und in häuslicher Gemeinschaft leben. Nur in Ausnahmefällen wird der Übertragung auf Nichtangehörige zugestimmt.

Sofortdarlehen

Eine Konkurrenz zum Hypothekendarlehen, die sämtliche Bausparprinzipien auf den Kopf stellt, ist das Sofortdarlehen. Statt anzusparen, zu warten und erst dann zu finanzieren, wird hier der entgegengesetzte Weg beschritten. Die zur Immobilienfinanzierung benötigte Summe wird sofort bereitgestellt – erst danach wird ein Bausparvertrag über diesen Betrag angespart. Bei der Zuteilung nach einigen Jahren wird das Darlehen vollständig getilgt. Danach sind nur noch die Raten für das Darlehen zu zahlen. Natürlich hat diese Sache auch einen Haken, denn das Darlehen der Bausparkasse kostet die marktüblichen Zinsen. Dagegen werden die angesparten Gelder in einem Bausparvertrag mager verzinst. Der Verlust ist dabei umso größer, je höher die Differenz zwischen Kredit- und Guthabenzins ist.

Bausparsofortfinanzierungen sind teuer, auch wenn dies die Bausparkassen gerne verschleiern. Statt den Gesamteffektivzins aus Bausparvertrag und Vorausdarlehen zu nennen, informieren sie nur über die einzelnen Effektivzinsen. Das klingt günstiger.

Seit kurzem gibt es auf dem Markt eine eventuell lohnenswerte Alternative zum Sofortdarlehen: die Konstantmodelle. Hierbei ist der Ansparverlust durch die niedrigen Guthabenzinsen weniger schwer wiegend. Doch die meisten Konstantmodelle sind aktuell teurer als durchschnittliche Bankdarlehen. Vor einem solchen Abschluss sollten Sie sich die professionelle Hilfe von Baufinanzierungs-Experten, beispielsweise der Verbraucherberatungen, sichern. Nur im Einzelfall ist feststellbar, ob es sich um ein interessantes Angebot oder eine Bausparfalle handelt.

Bausparen im Internet

Als erstem Bausparunternehmen hat das Bundesaufsichtsamt für das Kreditwesen der Dresdner Bauspar gestattet, einen eigenständigen Internet-Tarif anzubieten. Außer einem Komplettpreis von 100 Mark sind weder Abschluss-, Kontoführungs-, Darlehens- noch sonstige Gebühren zu zahlen. Für Internet-Nutzer sinkt der Darlehenszins aktuell auf 4,25 Prozent.

Die Zukunft des Bausparens

Bausparen wird flexibler. Neue Tarife bieten mehr Wahlfreiheiten und lassen den Kunden auch nach Vertragsabschluss mehr Optionen offen. Erfreulich ist auch, dass die Gebühren fallen. Viele neue Tarife verzichten sogar bis auf eine vom Bundesaufsichtsamt für das Kreditwesen vorgeschriebene Abschlussgebühr ganz darauf. Dadurch sind die Kosten des Bausparvertrages für den Kunden durchsichtiger und niedriger.

Neben kundengerechteren Angeboten sprechen auch die derzeit niedrigen Zinsen für einen Bausparvertrag. Der Renditeverlust gegenüber anderen Anlageformen fällt geringer aus als in einer Hochzinsphase. Bis heute abgeschlossene Verträge allerdings zuteilungsreif sind, sind die Hypothekenzinsen höchstwahrscheinlich gestiegen. Für diesen Fall hat sich der Bausparer dann bereits den niedrigen Darlehenszins gesichert. Damit kann Bausparen auch als eine Art Versicherung gegen steigende Zinsen bezeichnet werden. Den Preis dafür zahlen die Bausparer schon vorab: mit den mageren Zinsen bis zur Zuteilung ihres Vertrages.

Vor- und Nachteile des Bausparens

Vorteile	Nachteile
Sicher und zinssicher Staatliche Förderung Schnelle Entschuldung, die übliche Tilgungszeit liegt zwischen zehn und elf Jahren Günstiger Darlehenszins	Bausparen ist kompliziert Niedriger Guthabenzins – hohe Gebühren: Abschluss-, Kontoführungs-, Darlehensgebühren (bei Auszahlung fällig) Bedeutend höhereTilgungsraten als bei Hypothekendarlehen, die monatliche Belastung kann Probleme bereiten Schlechte Planbarkeit des Auszahlungszeitpunktes

Kapitallebensversicherungen

Nach langem politischen Gerangel hat die Versicherungsbranche Ende 1999 durchgesetzt, dass das Steuerprivileg der Lebensversicherungen erhalten bleibt. Abgewendet wurde das Vorhaben, die Gewinnanteile von Lebensversicherungen mit einmaliger Auszahlung ab 2000 mit 25 Prozent Kapitalertragsteuer zuzüglich Solidarzuschlag – insgesamt mit 26,375 Prozent – zu belegen. Dieser Sieg brachte den Versicherungsgesellschaften fünf Millionen Neuabschlüsse.

Das Steuerprivileg der Lebensversicherung ist die heilige Kuh der Finanzwelt. Als Geldanlageform ist allein die Lebensversicherung steuerlich bevorzugt. Eingeführt vom preußischen Finanzminister Miquel, wird sie vehement von der Versicherungsbranche verteidigt.

Doch langfristig kann sie sich nicht auf die Steuervorteile Ihres Bestsellers verlassen. Denn auch schon unter der Kohl-Regierung sollte das Steuerprivileg gekippt werden. Das damalige Vorhaben hatte sogar die Altverträge mit im Visier, was übrigens von Verfassungsrechtlern als zulässig angesehen wurde.

Für viele ist die Kapitallebensversicherung der Inbegriff der privaten Altersvorsorge. Für andere wiederum gilt sie als »legaler Betrug«. Besonders bei Verbraucherschützern ist das Produkt stark umstritten. Versicherungsgesellschaften und Kritiker liefern sich seit Jahren einen heftigen Schlagabtausch.

Die Versicherungen argumentieren, die Kapitallebensversicherung sei ein ideales Kombinationsprodukt der Alters-, Invaliditäts- und Hinterbliebenenvorsorge. Die Kritiker dagegen rügen die Intransparenz und mangelnde Flexibilität des Produktes, die Verkaufsmethoden der Vertreter, deren überhöhte Provisionen und den undurchsichtigen Sparvorgang mit einer ungenügenden Überschussbeteiligung. Die Härte, mit der die Konfrontation ausgetragen wird, spiegelt die Tatsache wider, dass laut Gerichtsurteil das Versicherungsprodukt als »legaler Betrug« bezeichnet werden darf.

Der Bund der Versicherten fordert, dass Versicherung und Geldanlage entbündelt werden sollten. Er bezeichnet die Kapitallebensversicherung als schlechteste aller langfristigen Geldanlagen. Verbraucherschützer fordern, die Verwendung der Beiträge nach Kosten-, Risiko- und Sparanteil aufzuschlüsseln, was die Versicherungsgesellschaften ablehnen. Und die Zeitschrift *Finanztest* der Stiftung Warentest urteilt im Juli-Heft 1998: »knapp jede fünfte Lebensversicherung mangelhaft«.

Die klassische Kapitallebensversicherung ist ein Paketprodukt aus Risikolebensversicherung und Sparvertrag. Sie kombiniert den Hinterbliebenenschutz mit einem langfristigen Sparvorgang. Im Todesfall wird von der ersten Beitragszahlung an die vereinbarte Versicherungssumme an die Familie ausgezahlt. Für den Erlebensfall wird ein so genannter Sparanteil für das Alter zurückgelegt. Dafür garantieren die Lebensversicherer eine Mindestverzinsung, die aktuell bei nur noch 3,25 Prozent liegt. Alle höheren Renditeversprechen sind unverbindliche Prognosen. In der Vergangenheit waren Renditen zwischen 5 und 7 Prozent üblich. Dabei lag – zum Vergleich – der durchschnittliche Langfristzins am Kapitalmarkt bei mehr als 7 Prozent.

Gesunkener Garantiezins

Die Entwicklung kam nicht unerwartet. Der Garantie- oder auch Rechnungszins – er bezieht sich auf die Verzinsung des Sparanteils – sank zum 1. Juli 2000 per Verordnung durch den Bundesfinanzminister von 4 auf 3,25 Prozent. Grund dafür sind die anhaltend niedrigen Kapitalmarktzinsen. § 65 Absatz 1 des Versicherungsaufsichtsgesetzes sieht vor, dass sich der Garantiezins nach der Entwicklung der Umlaufrendite öffentlicher Anleihen im Durchschnitt der vergangenen zehn Jahre richten muss und davon nicht mehr als 60 Prozent betragen darf. Die Umlaufrendite spiegelt den durchschnittlichen Zinssatz der Bundesanleihen wider.

Entwicklung des Garantiezinses seit 1945

1945 bis 1986	3,0 Prozent
1987 bis 1993	3,5 Prozent
1994 bis 1999	4,0 Prozent
ab Juli 2000	3,25 Prozent

Bei der Entscheidung des Bundesrates haben Versicherungen und zukünftig Versicherte noch Glück gehabt. Denn es gab Stimmen, beispielsweise aus dem Bundesaufsichtsamt für das Versicherungswesen, die eine Absenkung auf 3 Prozent forderten.
Nur den neuen Mindestzins dürfen die Versicherer nun auf den Sparanteil garantieren. Für Neukunden bedeutet dies, dass sie bei gleicher Leistung höhere Prämien für ihre Policen zahlen müssen. An den Überschüssen – dem interessanteren Teil der Erträge – werden sie aber weiterhin beteiligt. Und damit sind auch die Auszahlungen unverändert.

Beispiel:
Für 100 000 Mark garantierter Versicherungssumme musste ein 30-jähriger Mann bis zum Juni 2000 35 Jahre lang 166 Mark monatlich überweisen. Seit Juli zahlt er dagegen 184 Mark. Dafür ist die später ausgezahlte Summe höher: 257 000 statt 220 000 Mark, bei einer unterstellten Rendite von 6,4 Prozent.
Von der Neuregelung des Garantiezinses sind aber nur Verträge betroffen, die nach dem Stichtag abgeschlossen werden. Ältere Vertragsabschlüssen werden von Garantiezinsveränderungen nicht berührt.

So »korrigieren« Lebensversicherer Überschüsse nach unten

Ein Trick der Versicherungsbranche: das Auftürmen von stillen Reserven. So reduzieren sich die erzielten Überschüsse – und der Versicherte bekommt nach jahrzehntelangem Ansparen weniger heraus – im Einklang mit den deutschen Bilanzierungsregeln. Kauft ein Unternehmen beispielsweise Aktien oder Anleihen, werden sie zum Niederstwertprinzip in die Bilanz aufgenommen. Auch wenn sie tatsächlich viel mehr wert sind, stehen die Wertpapiere zum niedrigsten Kurs in der Bilanz, den sie nach dem Kauf erreichten. Besonders beliebt sind Immobilien als stille Reserve. Sie kann man so lange abschreiben, bis sie nur noch mit einem symbolischen Wert in der Bilanz auftauchen.

Die Wertentwicklung einer Kapitallebensversicherung ist abhängig von den Überschüssen, die die Versicherungsgesellschaft in Zukunft erwirtschaften kann. Der Versicherte erhält eine Überschussbeteiligung deren Höhe davon abhängt, wie viel die Gesellschaft erzielt und wie sehr sie ihre Kunden am Erfolg beteiligt. Vorgeschrieben sind lediglich 90 Prozent. Für den Kunden ist die Höhe der Auszahlung und damit die Rendite beim Abschluss also ungewiss. Sicher ist allein die Versicherungssumme. Naturgemäß gelten die garantierten Prozente nicht für den Gesamtvertrag, den der Kunde einzahlt, denn die Gesellschaften behalten in Extremfällen ein Drittel der Versicherungsbeiträge für Risikoschutz, Provisionen und Verwaltung zurück. Was dann übrig bleibt, ist der Sparanteil, und nur der wird verzinst. Fazit für den renditebewussten Sparer: Die Rendite steigt umso mehr, je ertragreicher ein Versicherer die Spargelder der Kunden anlegt und je kostengünstiger er arbeitet. Dabei wird die Anlage der Versicherungsgelder durch das Versicherungsaufsichtsgesetz geregelt. Nur bis zu 30 Prozent dürfen in Aktien(fonds) und 25 Prozent in Immobilien(fonds) angelegt werden. Aus diesem Grund legen die Versicherungen einen Großteil in festverzinslichen Wertpapieren an. Somit kann eine Kapitallebensversicherung als eine indirekte Form der Geldanlage gesehen werden.

Immerhin sind von Lebensversicherungen angelegte Gelder sicher. Seit den zwanziger Jahren ist kein deutscher Versicherer mehr il-

Branchenanalyse durch die Rating-Agentur Moody's

Die deutschen Lebensversicherungsgesellschaften genügen strengen internationalen Maßstäben hinsichtlich ihrer Kapitalausstattung und Vermögenslage. Zu diesem Urteil kam die führende Rating-Agentur Moody's in einer ausführlichen Analyse der Branche.
Die Agentur hat sich darauf spezialisiert, die Kreditwürdigkeit von Regierungen, Banken oder Industrieunternehmen zu untersuchen. Erfunden wurde das Rating in den USA. Auf dem größten Kapitalmarkt der Welt benötigten die Anleger einen Orientierungsmaßstab, anhand dessen sie die Qualität einer Anlage und damit das mögliche Ausfallrisiko beurteilen konnten. Deswegen bewerten die Rating-Agenturen vor allem die Finanzlage und die Qualität des Managements. Und ihr Urteil ist Bares wert.

Aaa	Höchste Bonität
Aa1, Aa2, Aa3	Sehr gute Bonität
A1, A2, A3	Gute Bonität

Für acht Versicherungsunternehmen gab Moody's hinsichtlich der Finanzkraft ein Urteil ab. Als erstklassig, ohne Risiko (Aaa), wird die Allianz Lebensversicherung eingestuft. Als sehr gut, sehr kleines Risiko (Aa1, Aa2 und Aa3) gelten die Hamburg-Mannheimer Versicherung (Aa2), die Victoria Lebensversicherung (Aa2), der Deutsche Herold (Aa3), die Gerling Lebensversicherung (Aa3) und die R+V Lebensversicherung (Aa3).
Schließlich werden als gut, zurzeit hohe Zahlkraft (A1, A2 und A3) die Iduna Vereinigte Lebensversicherung auf Gegenseitigkeit sowie die Nürnberger Lebensversicherung AG (beide A1) bezeichnet.

liquide, also zahlungsunfähig geworden. Das Bundesaufsichtsamt für das Versicherungswesen wacht mit Argusaugen darüber.

Vor Abschluss einer Kapitallebensversicherung sollten Sie zunächst eine Versicherungsgesellschaft mit akzeptablen Bedingungen und Renditen finden. Der erste Schritt sollte sein, sich bei so genannten Ratings über empfehlenswerte Versicherer zu informieren. Folgende Zeitschriften veröffentlichen diese regelmäßig: *Finanztest* von der Stiftung Warentest, *Capital, Wirtschaftswoche, DM*. Der Brancheninformationsdienst *map-Report* hat mittlerweile die siebte Aktualisierung seiner Untersuchungen vorgelegt. Wählen Sie einige Gesellschaften aus und lassen Sie sich deren Bilanzen schicken. Auch wenn es sich natürlich immer nur um Daten aus der Vergangenheit handelt, selbst Laien können Unternehmenskennziffern herausfiltern, die für die Entscheidung wichtig sind. Holen Sie sich also Angebote ein und vergleichen Sie die Aussagen.

Bevor Sie Ihre Unterschrift unter den Vertrag setzen, sollten Sie auch bedenken, dass jede zweite Kapitallebensversicherung vorzeitig

Checkliste: So vergleichen Sie Kapitallebensversicherungen

- Vergleichen Sie die Höhe der Verwaltungs- und Vertriebskosten. Bei sparsam arbeitenden Versicherern bekommen Sie eine höhere Rendite.
- Vergleichen Sie die Prämienhöhe bei gleicher Leistung. Je günstiger die Prämie, desto kostenbewusster arbeitet die Versicherung, desto mehr bleibt von Ihrem Geld zum Sparen übrig.
- Vergleichen Sie die Stornoquote – das anschaulichste Beispiel für Beratungsqualität. Sie liegt im Branchendurchschnitt zwischen 3 und 7 Prozent. Liegt sie darüber, dann besser die Versicherung meiden.
- Vergleichen Sie den Bilanzposten »Rückstellungen für Beitragsrückerstattung«. Dieser enthält die Überschüsse, die an die Versicherungskunden gehen. Messen Sie deren Höhe mit den Beitragseinnahmen. Bei soliden Gesellschaften liegt sie zwischen 80 und 110 Prozent.
- Vergleichen Sie den Rückkaufswert, der in Ihrem Angebot genannt sein sollte. Das ist die Summe, die Sie bei vorzeitiger Kündigung von Ihrer Versicherung garantiert zurückbekommen. Denn oft erreicht dieser Wert erst nach zehnjähriger Laufzeit (!) die Summe der eingezahlten Beiträge. Vergleichen Sie die Rückkaufswerte mit den einzuzahlenden Beiträgen der ersten Jahre.

Versicherungen im Direktvertrieb

1999 wurden nur 2 bis 3 Prozent Neuabschlüsse aller Versicherungen über Direktvertrieb abgewickelt. Doch die Prognosen für die Zukunft sind rosig. Nach Schätzungen der Unternehmensberatung Andersen Consulting wird in fünf oder zehn Jahren jede zehnte Versicherung über das Internet verkauft werden. Andere Experten sprechen vom Doppelten.
Die meisten Versicherungen sind mittlerweile im Web vertreten. Doch nur etwa jede zehnte bietet den Versicherungsabschluss per Mausklick. Für erklärungsintensive Produkte wie die Lebensversicherungen reicht die Qualität jedoch nicht, urteilt *Finanztest* im Sommer 2000. Die Redakteure geben den Online-Auftritten der Versicherungen schlechte Noten. Ihre Empfehlung: Finger weg vom Online-Abschluss. Empfehlenswert sind dagegen Preisvergleichs-Agenturen wie www.fss-online.de oder www.aspect-online.de, die einen guten Überblick verschaffen. Hier kann man sich informieren, ohne gleich weitervermittelt zu werden.
Bei Online-Versicherungsanbietern finden Surfer aber nicht unbedingt das billigste und interessanteste Produkt. Denn auch diese wie die üblichen Makler aus Fleisch und Blut decken nicht den gesamten Markt ab, sondern arbeiten mit bestimmten Gesellschaften zusammen.
Bei Online-Verträgen gilt: Ganz besonders genau hinschauen, damit die Versicherung keine ungewollten Bedingungen durch Voreinstellungen hineinmogeln kann. Sicherheitshalber sollte man den Online-Antrag ausdrucken und mit der Police vergleichen.

gekündigt wird. Schätzungen von Verbraucherschützern gehen sogar noch weiter: Sie reichen bis zu zwei Dritteln aller Verträge. Üblicherweise liegen die Laufzeiten zwischen 25 bis 30 Jahren, aber eine Lebensversicherung ist jederzeit zum Ende des laufenden Versicherungsjahres kündbar.

Die Versicherungen bestrafen den Kündigungswilligen allerdings mit erheblichen finanziellen Einbußen. Nach dem Grundsatz der Zillmerung, benannt nach dem Mathematiker August Zillmer, werden aus den Beiträgen der ersten Jahre Provisions- und Abschlusskosten gedeckt. Für den Versicherten ist das ein gravierender Nachteil, denn so bekommt er als Rückkaufswert nach wenigen Jahren noch nicht einmal seine Beiträge zurück.

Dieser Aspekt der Kapitallebensversicherung wird im Kapitel »Knackpunkt Flexibilität« näher beleuchtet.

Viele Kapitallebensversicherungen sind mit zusätzlichem Ballast ausgepolstert, den nur die wenigsten brauchen – und wollen.

Typisches Beispiel einer Versicherungsfalle ist die Dynamik, die die Inflation auszugleichen soll. Jedoch sind die Sprünge meist zu hoch gewählt. Versicherungsvertreter argumentieren auch mit dem steigenden Einkommen des Versicherten, das dann höhere Beiträge zulasse. Doch Vorsicht: Jede Erhöhung bedeutet nämlich einen kleinen Neuabschluss, das heißt, jedes Jahr werden vom Dynamik-Beitrag ein höherer Risikoanteil und erneut Provision abgezogen. Da bleibt immer weniger zum Sparen.

Teurer werden Kapitallebensversicherungen auch durch so genannte Zusatzversicherungen. Unnötig sind die Unfallzusatzversicherung oder Unfalltodversicherung. Sinnvoll ist dagegen die Berufsunfähigkeitszusatzversicherung.

Schließlich sollten Sie ein rentables Überschusssystem wählen. Das sind nicht die Bonussysteme und auch nicht die laufende Verrechnung der Überschussanteile. Günstig für ein gutes Sparergebnis ist die verzinsliche Ansammlung. Im Versicherungsdeutsch heißt diese Variante Schlussüberschussanteil oder Schlussgewinnanteil.

Wichtig ist auch die richtige Zahlungsweise. Wer monatlich seine Versicherungsbeiträge überweist, dem gehen im Vergleich zum jährlichen Zahlungsturnus etwa 5 Prozent der Einzahlungen verloren. Das bedeutet umgekehrt, dass Jahresprämien die Rendite entsprechend verbessern.

Eine Besonderheit der Lebensversicherung sind die Gesundheitsfragen bei Vertragsabschluss. Sie sollten gewissenhaft und ausführlich beantwortet werden. Sonst kann die Versicherung innerhalb von zehn Jahren vom Vertrag zurücktreten oder die Leistung verweigern, wenn beispielsweise im Todesfall der Tod auf Ursachen zurückzuführen ist, die schon zum Vertragsabschluss bekannt waren, aber nicht angegeben wurden.

Bei Vertragsabschluss müssen Sie auch den oder die Bezugsberechtigte(n) angeben. Das ist/sind die Person(en), an die im Todesfall die Versicherungssumme ausgezahlt werden soll. Diese Verfügung können Sie jederzeit schriftlich ändern. Denken Sie daran, wenn sich Lebensumstände oder Familienverhältnisse verändern. Denn für die Versicherung gilt nur die eingetragene Person.

Klauseln verboten: Zur Nachbesserung von Lebensversicherungsverträgen verurteilt

Im Sommer 2000 bekamen 1,7 Millionen Allianz-Kunden Post, die nach 1994 Verträge mit der Versicherung geschlossen hatten. Die Allianz musste zwei Vertragsklauseln, die so oder so ähnlich von allen deutschen Lebensversicherern verwendet wurden, neu formulieren. Es handelte sich um Bestimmungen zu Abschlusskosten und Überschussermittlung/Gewinnbeteiligung. Das Gericht erklärte sie wegen Intransparenz für unwirksam.
Ins Rollen kam das Verbot durch eine Klage des Bundes der Versicherten (BdV). Daraufhin entschied das Oberlandesgericht Stuttgart, dass die Allianz beide Klauseln so überarbeiten muss, dass ihre Kunden verstehen, was sie unterschreiben. Auch der Versichererverband GDV hat zwischenzeitlich neue Musterbedingungen formuliert. Es ist daher zu erwarten, dass andere Lebensversicherer der Nachbesserung folgen werden.

Mehr Rendite mit mehr Aktien

Alle reden von der Börse – nur die klassischen Kapitallebensversicherungen bleiben außen vor. Maximal 30 Prozent dürfen sie in Aktien investieren, in realiter sind es oft nicht einmal 20 Prozent.

Doch nun bieten immer mehr Versicherer mehr Rendite mit mehr Aktien: Aktienanteile von 30 oder gar 50 Prozent. Und sie versprechen jährliche Wertsteigerungen von 10 Prozent. Ob diese eintreffen oder sogar übertroffen werden, ist abhängig vom Geschick der Versicherer und der Börsensituation. Doch generell gilt: Die Anlage in Aktien bringt auf lange Zeit gesehen eine bessere Rendite. Möglich wird der größere Aktienanteil durch einen Trick. Die Versicherungsgesellschaften senkten den Garantiezins auf 1 bis 2 Prozent. Denn je weniger dem Versicherten garantiert wird, desto höher kann das Risiko, also der Aktienanteil, sein.

Vorbild für diese neue Form der Kapitallebensversicherung sind die britischen Versicherer. Traditionell investieren diese bis zu 70 Prozent in Aktien. Auch sie werden in Deutschland vertrieben, unterliegen allerdings der britischen und nicht der deutschen Aufsicht.

Vor- und Nachteile einer Kapitallebensversicherung

Vorteile	Nachteile
Sicher angelegtes Kapital	Undurchschaubarkeit
Kapitallebensversicherungen halten zum Geldanlegen an.	Endergebnis nicht absehbar
	Schlechte Rendite durch die hohen Anfangskosten

Fondsgebundene Lebensversicherungen

Der Börsenboom lässt grüßen – die fondsgebundenen Lebensversicherungen stehen auf der Beliebtheitsskala ganz oben. Nach der Studie der Kölner Aktuares- und Managementberatung Tillinghast-Towers Perrin vervierfachte sich ihr Marktanteil seit 1995. Mittlerweile setzen etwa 15 Prozent der Neuverträge auf die höheren Renditechancen an der Börse.

Eine fondsgebundene Lebensversicherung schlägt zwei Fliegen mit einer Klappe: Das Todesfallrisiko ist abgesichert, und man verfügt über einen Sparplan, der in einen oder mehrere Investmentfonds fließt.

Durch ihre Renditeversprechen sind Fondspolicen allerdings den Launen der Börse ausgeliefert. Fondsgebundene Lebensversicherungen gab es bereits Anfang der siebziger Jahre, doch nach dem spektakulären Zusammenbruch eines Anbieters, Investors Overseas Service, verschwanden sie 1974 vom Markt. Erst der Börsenaufschwung in den achtziger Jahren brachte diese Versicherungsvariante wieder ins Rampenlicht. Dem allgemeinen Trend zur Rentenversicherung folgend, gibt es seit 1994 auch fondsgebundene Rentenversicherungen.

Zweiter Minuspunkt sind die Kosten. Nach Berechnungen der Stiftung Warentest nehmen diese bei Fonds-Lebensversicherungen bis zu 20 Prozent der Beiträge weg. Nur zwei Versicherungsgesellschaften bleiben unter der Zehn-Prozent-Marke.

Anders als bei der undurchsichtigen Strategie einer Kapitallebensversicherung kann der Kunde täglich den Kurs seiner Anteile im Börsenteil seiner Tageszeitung nachlesen. Und er bestimmt die Anlagestrategie selbst, indem er er einzelne Fonds (auch spekulative) oder ganze Fondsmischungen auswählt. Er kann im Laufe der Versicherung sein Konzept auch ändern, wofür ihm aber teilweise Kosten entstehen. Voraussetzung für die selbstbestimmte Variante sind Investmentkenntnisse.

Wer sich diese Entscheidungen nicht zutraut, der kann das so genannte Managed-Fund-Konzept wählen, bei dem Anlageprofis die Kundengelder verteilen. Allerdings legt der Versicherte die Strategie fest: spekulativ-ausgewogen-konservativ. Voraussetzung hier: meist eine Kapitalsumme ab 30 000 Mark. Der so Versicherte kennt genau seinen Sparanteil und kann täglich den Kurs nachvollziehen. Einmal im Jahr erhält er eine Aufstellung des Fondsvermögens. Übrigens sind nur 13 Prozent aller fondsgebundenen Lebensversicherungen gemanagte.

Anders als bei der üblichen Lebensversicherung gibt es weder eine garantierte Schlusszahlung noch eine garantierte Mindestverzinsung. Einige Gesellschaften bieten deswegen Musterrechnungen mit möglichen Zahlungszielen an. Daran haben sie sich in der Vergangenheit auch meistens gehalten. Der Kunde bekommt bei Fälligkeit der Police den bis dahin angesammelten Gegenwert der Fondsanteile ausgezahlt. Leider lässt sich die Wertentwicklung der Fonds nicht voraussagen – der Sparer, besser Anleger, muss mit heftigen Kursschwankungen rechnen. Befindet sich die Börse gerade in einer Baisse, riskiert man bei festem Vertragsende eine schlechte Rendite. Um dies zu umgehen, sollte es nach Ende der vereinbarten Laufzeit keinen festen Ablauftermin, sondern eine variable Zeitspanne geben. Meist kann man ab fünf Jahre vor Ende der Laufzeit und bis zu fünf Jahren danach kündigen. In dieser Zeitspanne findet man sicher einen günstigen Ausstiegstermin, und eine schlechte Börsenphase lässt sich aussitzen. Prinzipiell ist wegen der Unsicherheit der Kapitalmärkte eine fondsgebundene Lebensversicherung nur dann sinnvoll, wenn schon sichere Ersparnisse vorhanden sind.

Trotz der Risiken sollten fondsgebundene Lebensversicherungen einzig mit Aktienfonds betrieben werden. Nur mit diesen ist eine akzeptable Rendite zu erreichen, und mit zunehmender Anlagedauer sinkt das Schwankungsrisiko. Die sichere Schiene per Rentenfonds bringt zu wenig, als dass sich das sehr teure Konstrukt einer Fonds-Police rechnen würde. Noch weniger Renditen bringen offene Immobilienfonds, die deshalb als nicht sinnvoll zu bewerten sind.

Die Aktienfonds sollten gestreut werden, ohne den alleinigen Schwerpunkt auf deutsche Aktienfonds zu legen. Der Trend geht zu europäischen, in Beimischung sind auch unbedingt internationale empfehlenswert. Dabei ist positiv, dass man beliebig oft umschichten kann – bei vielen Gesellschaften sogar gebührenfrei.

Manche Fondsversicherer koppeln die Kosten an die Höhe des Fondsvolumens. Das ist besonders dann ärgerlich, wenn der Privatanleger auf die richtigen Investmentfonds gesetzt hat. Je erfolgreicher er nämlich ist, desto höhere Kosten entstehen. Die Gesellschaft kassiert dann also an der erfolgreichen Anlage mit.

Um den günstigsten Anbieter herauszufinden, sollten Sie sich die so genannten Nulllinien verschiedener Versicherer geben lassen. Das ist eine Wertentwicklungstabelle der mit Ihren Beiträgen gekauften Fondsanteile, wobei unterstellt wird, dass die Kurse der Papiere weder steigen noch fallen. Aus dem Vergleich der Beiträge mit den Werten der Fondsanteile ist zu ersehen, wie viel für Gebühren abgezogen wird.

Wie bei Fondssparplänen sollte man auch bei den Fondspolicen gegen Ende der Laufzeit oder zum Parken der Kursgewinne in sichere Fonds wechseln, also in Renten-, Geldmarkt- und offene Immobilienfonds. Das mindert das Verlustrisiko.

Mittlerweile haben etwa 50 Anbieter fondsgebundene Lebensversicherungen im Programm, Tendenz steigend. 2005 werden nach Auskunft der Finanz-Research Wirtschaftsinformationen GmbH aus München mehr als die Hälfte der deutschen Lebensversicherer fondsgebundene Lebensversicherungen anbieten.

Aber es kommt nicht nur auf den richtigen Anbieter der Lebensversicherung an. Auch die Fonds müssen stimmen. Stehen eine, mehrere oder viele Investmentgesellschaften zur Wahl? Wie viele Investmentfonds werden angeboten? Sind gute Fonds dabei, gemessen an deren Ergebnissen in der Vergangenheit?

Vor- und Nachteile fondsgebundener Lebensversicherungen

Vorteile	Nachteile
Ausgezeichnete Renditen in guten und langen Börsenphasen	Teuer Nur als Zweit-Lebensversicherung geeignet Risikoreich, weil Rendite nicht absehbar

Indexgebundene Lebensversicherungen

Seit 1997 gibt es so genannte indexgebundene Lebensversicherungen. Hier ist die Rendite ausschließlich von der Entwicklung eines bestimmten Marktes abhängig. Die Kosten liegen ähnlich hoch wie bei der verwandten fondsgebundenen Alternative, die Konstruktionen der Indexpolicen sind höchst unterschiedlich. Ein Versicherer beteiligt die Anleger zu 100 Prozent an den jährlichen Steigerungen des Deutschen Aktienindex, andere wiederum nur zu zwei Dritteln und sagen dafür die Verzinsung des wachsenden Kapitals zu. Grundsätzlich garantieren die meisten Anbieter aber nur die volle Rückzahlung des eingezahlten Kapitals. Das wäre dann eine Null-Rendite.

Prinzipiell ist die Grundidee nicht schlecht, denn die meisten Fonds schaffen es auf Dauer nicht, besser zu sein als der Index. Doch es kommt auf das richtige Börsenbarometer an. Es gibt auch indexgebundene Policen, die sich auf einen ganzen Korb von Börsenindikatoren beziehen. Zusammenfassend sind die Kosten für indexgebundene Lebensversicherungen zu hoch. Die günstigere Alternative: Index-Fonds.

Direktversicherung über den Arbeitgeber

Je höher das Gehalt und der Steuersatz, desto größer ist das Steuergeschenk einer Direktversicherung über den Arbeitgeber. Je nach Vertragsform und Versicherer winken Renditen von 8 oder 10 Prozent. Bei einer Direktversicherung durch Gehaltsumwandlung schließt der Arbeitgeber für seinen Mitarbeiter eine Kapitallebensversicherung oder private Rentenversicherung ab. Er zweigt die Beiträge vom Bruttogehalt des Arbeitnehmers ab und überweist sie direkt an die Versicherungsgesellschaft.

Lukrativ wird die Police, weil die Lohn- oder Gehaltsteile bis maximal 3408 Mark (teilbar durch zwölf – deswegen die ungerade Zahl) jährlich nur mit einem Pauschalsatz von 20 Prozent versteuert werden. Dazu kommen allerdings noch Solidaritätszuschlag und eventuell Kirchensteuer.

5,3 Millionen Direktversicherungen durch Gehaltsumwandlung gibt es mittlerweile. Kein Wunder, denn eine Direktversicherung ist eine rentable Altersvorsorge kombiniert mit einem Steuersparmodell, das nicht nur für Spitzenverdiener erreichbar ist. Die gesparten Gelder – mehrere tausend Mark an Steuern – fließen in die Alterssicherung. Dabei zieht der Arbeitnehmer desto höhere geldwerte Vorteile heraus, je höher sein persönlicher Grenzsteuersatz liegt.

Das gilt besonders dann, wenn die Versicherungsbeiträge aus Sonderzahlungen wie Weihnachts- oder Urlaubsgeld bestritten werden. Dann entfallen auch alle Sozialabgaben für diese Einkommensbestandteile, und für die verbleibenden verringern sich die Abgaben. Die Bedingungen: Die Laufzeit beträgt mindestens zwölf Jahre. Die Versicherung muss bis zum Alter von 60 Jahren laufen und sollte deswegen spätestens um die 40 abgeschlossen werden. Zur Sicherheit sollte der Arbeitgeber dem Arbeitnehmer unbedingt ein vollständiges und unwiderrufliches Bezugsrecht einräumen.

Besparen Sie bereits eine Lebensversicherung, können Sie diese in eine Direktversicherung umwandeln. Bei einem Arbeitsplatzwechsel kann auch Ihr neuer Chef einzahlen. Tut er Ihnen diesen Gefallen nicht, können Sie selbst die Beiträge überweisen. Hierbei fällt allerdings der Vorteil der Pauschalbesteuerung weg. Manchmal ist es dann ratsam, den Vertrag beitragsfrei stellen zu lassen. Für Angestellte und Beamte des öffentlichen Dienstes sind Direktversicherungen übrigens nicht möglich.

Private Rentenversicherung

Die Privatrente ist eine Verwandte der Kapitallebensversicherung, nur ohne Todesfallschutz und um diesen günstiger. Abgezogen werden von den Einzahlungen die Gebühren sowie die Vermittlungsprovision. Damit liegen die Renditen etwas höher als bei der normalen Lebensversicherung. Der große Vorteil der Privatrente ist die lebenslange Zahlung. Egal, wie alt Sie werden, ob unterdurchschnittlich oder hundertjährig, die private Rentenversicherung überweist auch, wenn Ihr eingezahltes Kapital rein rechnerisch schon verbraucht ist. Also garantiert lebenslänglich. Entsprechend unterschiedlich kann die Rendite einer privaten Rentenversicherung sein: glänzend oder indiskutabel. Denn bei frühem Tod ist das Kapital verloren.

Wie bei der Kapitallebensversicherung liegt die Mindestverzinsung des Sparkapitals seit Juli 2000 bei 3,25 Prozent. Und wie die Kapitallebensversicherung setzt sich die private Rente aus Garantie- und Überschussanteil zusammen. Im Gegensatz zu dieser gibt es bei der Rentenpolice keine Gesundheitsprüfung, aber diese Regelung entspringt keineswegs reiner Menschenfreundlichkeit. Sie ist vielmehr das Ergebnis harter Finanzkalkulation, denn den Unternehmen kann es nur recht sein, wenn sich kranke Menschen mit geringerer Lebenserwartung als der statistischen bei ihnen versichern.

Zwei grundsätzliche Varianten bietet die private Rentenversicherung. Nach einer Einmalzahlung gibt es die so genannte Sofortrente; das ist interessant für Menschen kurz vor dem oder im Rentenalter. Nach einer Kapitalüberweisung, etwa aus einer Kapitallebensversicherung oder einem Sparplan, wird das Geld unmittelbar verrentet. Man kann dies auch anders formulieren: Die Privatrente ist eigentlich ein Auszahlungsplan mit lebenslänglicher Laufzeit.

Das Gegenstück zur Sofortrente ist die so genannte aufgeschobene Rentenversicherung. Hier sammeln vergleichsweise junge Menschen Beitragszahlungen in einem reinen Sparvertrag an. Nach dieser Sparphase folgt die Rentenbezugsphase. Die Versicherten haben zwei Alternativen: das Kapitalwahlrecht – die Auszahlung des gesamten Betrages – oder die monatliche Rente. Doch diese ist trotz des Steuerprivilegs der Lebensversicherungen nicht steuerfrei. Denn private Rentenzahlungen sind wie die gesetzlichen begrenzt steuerpflichtig. Es wird der so genannte Ertragsanteil steuerlich berücksichtigt. Je älter der Rentner bei Rentenbeginn ist, desto niedriger fallen der Ertragsanteil und damit die Steuerlast aus. Wer mit 65 in den Ruhestand geht, bekommt 27 Prozent seiner Jahresrente besteuert.

Die begrenzte Steuerpflicht für private Rentenzahlungen

Alter bei Rentenbeginn	Ertragsanteil in Prozent der Jahresrente
55	38
56	37
57	36
58	35
59	34
60	32
61	31
62	30
63	29
64	28
65	27
66	26
67	25
68	23
69	22
70	21
71	20
72	19
73	18
74	17
75	16
76	15
77	14
78	13
79	12
80	11

Eine private Rentenversicherung wird üblicherweise auf die Endalter 60 oder 65 Jahre abgeschlossen, die Laufzeiten betragen also oft 20 oder 30 Jahre. Wer vorzeitig kündigen will, was zum Ende des jeweiligen Versicherungsjahres möglich ist, kann dies tun, doch dafür wird er bestraft: Der Kunde erhält wie bei den Kapitallebensversicherungen nur den Rückkaufwert, der in den ersten zehn Jahren oft geringer ist als die eingezahlte Summe.

Früher Beginn bringt höhere Rendite

Der monatliche Aufwand für eine private Rentenversicherung sinkt, wenn man früh mit den Einzahlungen startet. In unserem Beispiel soll eine garantierte Mindestrente – also ohne Gewinnbeteiligung, die die Rente ja noch erheblich erhöhen kann – von 500 Mark ab einem Alter von 65 Jahren gezahlt werden.

Eintrittsalter	monatliche Zahlung
20 Jahre	76,20 Mark
30 Jahre	118,60 Mark
40 Jahre	195,20 Mark
50 Jahre	386,00 Mark

So verstehen Sie die Zahlen: Wenn Sie ab Ihrem 20. Lebensjahr in eine private Rentenversicherung einzahlen, um eine garantierte Mindestrente von 500 Mark zu beziehen, kostet dies 45 Jahre lang 76,20 Mark monatlich.

Wie die gesetzliche hat die private Rentenversicherung das Problem der steigenden Lebenserwartung. Die Überschussbeteiligung ist nur zum Teil sicher. Sie kann gekürzt werden. Davon haben die Gesellschaften schon häufig Gebrauch gemacht und werden es wahrscheinlich auch künftig tun, denn bei steigender Lebenserwartung müssen sie länger Renten zahlen. Das bedeutet Abschläge für die Versicherten.

Je nach Verteilung der Überschüsse gibt es verschiedene Arten der Rentenzahlung. Man kann die konstante Rente wählen, bei der die voraussichtlichen Überschüsse gleichmäßig auf die Laufzeit verteilt werden. Bei einer dynamischen Verteilung steigt die Rente. Einige Versicherer bieten auch die nicht empfehlenswerte sinkende Rente an.

Bei Tod des Versicherten sind die Rentenversicherer wenig kulant: Sie zahlen die eingezahlten Beiträge ohne Zinsen zurück.

Alternativ bieten die Versicherungsgesellschaften fragwürdige Garantiezahlungen an. Für teures Geld erkauft man sich damit das Recht, dass das eigene angesammelte Vermögen eine frei wählbare Anzahl von Jahren ausgezahlt wird. Üblich sind fünf, sinnvoll, aber zu teuer wären 15 und maximal möglich sind 20 Jahre. Versprochen wird eine Art Hinterbliebenenrente, doch kann dies der Familie nur vorübergehend helfen und ersetzt keine echte Absicherung. Und für allein Stehende ist diese Konstruktion indiskutabel.

Vor- und Nachteile privater Rentenversicherungen

Vorteile	**Nachteile**
Lebenslange Zahlungen	Nicht geeignet für Familien Steigende Lebenserwartung in der Gesellschaft kann Rendite verringern.

4
Die richtige Anlageform

Pläne, Wünsche und Pflichten in der Zukunft wollen finanziert werden – und zwar mit dem üblichen Lohn oder Gehalt. Am leichtesten geschieht dies durch einen relativ kleinen, aber regelmäßig – am besten monatlich – beiseite gelegten Betrag. So sparen Sie sich ein kleines Vermögen zusammen und haben auch eine Altersvorsorge. Sie können sich den Traum eines besonderen Reiseziels erfüllen, investieren nach und nach in die eigene Immobilie oder sind einfach zufrieden mit Ihrem Geld auf der hohen Kante.

Privates Sparen ist in den letzten Jahren nach Auskunft der Deutschen Bundesbank rückläufig – erkennbar an der sinkenden Sparquote. Diese betrug zu Beginn der deutschen Einigung weit über 13 Prozent und fiel seitdem ständig: 12,9 (1992), 11,7 (1995), 10,5 (1998).

Analysiert man die Geldanlagen der Deutschen – orientiert am Monatsbericht der Bundesbank vom Juni 1999 (Zahlen aus 1998, neuere Zahlen lagen bei Redaktionsschluss nicht vor) –, so stehen die Renditeüberlegungen und der Wunsch nach rascher Verfügbarkeit des Kapitals im Vordergrund. Die Deutschen reagieren damit auf die Niedrigzinsphase, und der Renditeaspekt dürfte sich auch unter steuerlichen Aspekten in Zukunft noch verstärken. Damit wird der direkte und indirekte Erwerb von Aktien zunehmen.

Der einsame Spitzenreiter der Geldanlage sind die Versicherungen, wobei es sich nahezu ausschließlich um Kapitallebensversicherungen handelt. Fast 100 Milliarden Mark flossen hierhin, 40 Prozent aller Spargelder oder fast jede zweite Mark.

Beinahe 27 Prozent – knapp 66 Milliarden – flossen 1998 in Investmentfonds. Und dieser Boom hält an. Dabei waren die Aktienfonds

Private Vermögensbildung und Kreditaufnahmen in Deutschland im Jahr 1998

Vermögensbildung	in Milliarden DM
Bei Banken	69,0
▶ Bargeld und Sichteinlagen	39,8
▶ Termingelder	6,6
▶ Sparbriefe	– 4,6
▶ Spareinlagen	27,1
Bei Bausparkassen	4,7
Bei Versicherungen	99,4
In Wertpapieren	58,0
▶ Renten	– 15,9
▶ Investmentzertifikate	65,9
▶ Aktien	8,0
Sonstige Anlagen	15,8
Kreditaufnahmen	
▶ Baukredite	88,7
▶ Konsumentenkredite	14,9

mit europäischer Ausrichtung die Favoriten, in die allein knapp ein Viertel des neuen Geldvermögens investiert wurde. Im Jahr davor war es noch knapp ein Fünftel.

Knapp 40 Milliarden halten die Deutschen liquide – in Form von Bargeld oder auf Girokonten als so genannte Sichteinlagen. Sie parken ihre Gelder zwischen und warten auf bessere Zinszeiten. Das zeigen auch die Rentenbestände, die deutlich abgenommen haben. Durch den nun geltenden niedrigen Sparerfreibetrag sinkt die Attraktivität festverzinslicher Wertpapiere.

Nicht jede Anlageform ist für jeden geeignet. Welche empfehlenswert ist, hängt zunächst von der eigenen Anlagementalität ab. Gemeint ist damit Ihre Risikobereitschaft. Denn nicht jeder kann bei spekulativen Geschäften gut schlafen oder sich Risiko tatsächlich leisten. Risikoscheue Anleger sollten sichere Anlagen wählen, und wen der Totalverlust einer Geldanlage in die Nähe des finanziellen Ruins treibt, für den ist Riskantes sicher nicht geeignet.

Um Ihre persönliche Anlagementalität festzustellen, sollten Sie sich folgende Fragen stellen:

Checkliste: Welcher Anlegertyp sind Sie?

- Sind Sie lieber vorsichtig?
- Machen Sie Schulden nervös?
- Versuchen Sie, Ihr Girokonto nicht zu überziehen?
- Sind Ihnen Kursschwankungen unangenehm?
- Ist Ihnen bei der Geldanlage Sicherheit wichtig?

Wie oft haben Sie mit »Ja« geantwortet? Überwiegend oder ausschließlich? Dann sind Sie sicher ein konservativer Spar- und Anlegertyp. Prinzipiell wird die subjektive Risikoneigung eingeteilt in: konservativ – progressiv – risikobewusst.

Konservativer Anlegertyp Eigentlich gehören die meisten Menschen in diese Gruppe. Wer monatlich gerade mit seinem Geld über die Runden kommt, der kann es sich einfach nicht leisten, eine große Summe in den Sand zu setzen. Wer wenig hat, muss damit besonders sorgfältig umgehen, also konservativ anlegen.

Konservative Anleger bevorzugen sichere Investments mit überschaubarem Risiko. Ihr Ziel sind langfristige Gewinne. Konservative Anleger haben meist geringere Kenntnisse über Geldanlagen.

Progressiver Anlegertyp Der nächste Schritt. Wenn man schon Sparanlagen besitzt, den Sparerfreibetrag ausgeschöpft hat und die für viele obligatorische Kapitallebensversicherung bespart, dann kann man sich neuen Investments zuwenden. Zum Beispiel – mit dem nötigen Know-how – einzelne Aktien, vielleicht risikofreudig am Neuen Markt, kaufen. Oder den Erwerb einer Wohnimmobilie ins Auge fassen. Progressive Anleger beschäftigen sich mit dem Thema Geldanlage, verschaffen sich ein Sicherheitsnetz und streuen das Risiko.

Risikobewusster Anlegertyp Man kann es sich leisten. Der monetäre Grundstock für ein finanziell sorgenfreies Leben ist gelegt. Man verdient gut, die Immobilie ist fast abgezahlt. Auch an die Altersvorsorge ist gedacht. Risikobewusste Anleger kennen sich aus und ziehen daraus Gewinn. Erst ab zweistelligen Gewinnraten wird ein Investment für sie interessant.

Unabhängig von der Anlagementalität bewegen sich Sparer und Anleger in einem »Investmentviereck« mit den vier Eckpunkten der Geldanlage: Sicherheit, Rentabilität, Liquidität und Steueraspekt.

Nicht von ungefähr steht Sicherheit an erster Stelle. Dies entspricht dem Bedürfnis der Menschen. Sicherheit bietet beispielsweise das Dach über dem Kopf. Im monetären Bereich bedeutet es, 20 000 bis 30 000 Mark als Notgroschen für alle Fälle zu haben. Er sollte das erste Sparziel überhaupt sein.

Doch der Sicherheitsaspekt umfasst noch mehr. Die wichtigsten – und das sind die ersten – Geldanlagen müssen auf einem sicheren Fundament stehen. Und das besonders dann, wenn der finanzielle Spielraum gering ist. Erst nachdem sich einige Vermögenswerte angesammelt haben, sollte man an eine höhere Rendite denken. Bei Renditevergleichen muss man allerdings gut aufpassen, denn hier lassen sich Äpfel nicht mit Birnen vergleichen.

Gerne wird in den Verkaufsunterlagen der Banken- und Finanzbranche mit Renditevergleichen gearbeitet, etwa die Wertentwicklung von Anlageformen wie beispielsweise festverzinsliche Wertpapiere, Aktienfonds und Immobilien innerhalb eines bestimmten Zeitraumes gegenübergestellt. Die Ergebnisse mögen für eine allgemeine Vergangenheitsbetrachtung interessant sein, mehr aber auch nicht. Denn hier werden die ungewissen Zukunftsergebnisse einer Aktienfonds- oder Immobilienanlage mit der bei einer Anlage über die Gesamtlaufzeit absolut sicheren Rendite von festverzinslichen Papieren verglichen, ohne die unterschiedlichen Anlagerisiken zu bewerten.

Doch wie sicher, risikoreich oder rentabel sind Geldanlagen? Im Folgenden dazu ein Überblick über die im vorigen Kapitel besprochenen Anlagen.

Auf die Aspekte Liquidität und Steuern werde ich in den Kapiteln »Knackpunkt Flexibilität« und »Steuerliche Aspekte« noch näher eingehen.

Finanzprodukte für die verschiedenen Spar- und Anlegertypen

Im Kapitel »Finanzprodukte im Überblick« habe ich Ihnen die verschiedenen Anlagemöglichkeiten vorgestellt. Lesen Sie hier, welche bei Ihrer persönlichen Risikomentalität sinnvoll sind und welche Sie eher meiden sollten.

Banksparpläne sind sinnvoll für *konservative* Sparer. Damit können sie sich wohlfühlen, denn sie sind sicher, ein Risiko ist nahezu ausgeschlossen. Die Erträge sind zwar nur mittelmäßig, aber von vorneherein bekannt.

Pfandbriefe sind empfehlenswerte Finanzprodukte für Einsteiger und Profis, *konservative* wie *progressive*. Durch ihre Sicherheit und das Plus an Rendite kommen sie beiden Anlegermentalitäten entgegen.

Bundesschatzbriefe sind besonders für den *konservativen* Steuerzahler geeignet. Als kleines Dankeschön vom Finanzminister bringen Bundesschatzbriefe akzeptable Zinsen, die nicht durch zusätzliche Kosten geschmälert werden.

Aktienfonds sind empfehlenswert für *progressive* und *konservative* Anleger in mittleren und jungen Jahren. Hier gilt zur Einschätzung des individuellen Risikopotenzials die Faustformel: 100 minus Alter = empfehlenswerter Anteil von Aktienfonds bei der Geldanlage. Das bedeutet im Klartext, dass man Risiko tragen muss, um die interessanten Chancen der Anlage in Aktienfonds nutzen zu können. Bis zum Alter von 50 Jahren ist das durchaus sinnvoll.

Altersvorsorgefonds sind dank ihrer Sicherheitsorientierung und deswegen gebremsten Rendite ein typisches Produkt für *konservative* Anleger.

Dachfonds eignen sich für *konservative* Anleger und Fondsanfänger. Die Wertschwankungen halten sich in Grenzen.

Indexnahe Fonds Hier behalten *progressive* Anlegertypen den Überblick und hoffentlich auch die Nerven, wenn der jeweilige Index fällt und fällt.

Offene Immobilienfonds sind für sehr sicherheitsbewusste Anleger geeignet. Hier finden sie einen steinernen Sachwert und ausreichenden Inflationsschutz. *Konservative* und *progressive* Anlegertypen sollten andere Fondsgelder vor Eintritt in die Rentenphase in die sicheren offenen Immobilienfonds umschichten.

Rentenfonds *Konservativ* lautet hier die Beurteilung. Empfehlenswert ist für konservative und *progressive* Anlegertypen die Umschichtung anderer Fondsgelder in die sicheren Rentenfonds vor Erreichen des Pensionsalters.

Index-Zertifikate Etwas für *progressive* und *risikobewusste* Anleger. Index-Zertifikate fordern gute Kenntnisse im Bereich Börse und Geldanlage.

Discount-Zertifikate Das Gleiche gilt auch für Discount-Zertifikate: Unerfahrene sollten sich nicht mit komplizierten Produkten herumschlagen. *Progressive* und *risikobewusste* Anleger haben hierfür die richtige Anlagementalität.

Bausparen Konservativ, konservativ, konservativ. Bausparen ist das richtige Produkt für *konservative* Anlegertypen: sicher und zinsstabil.

Kapitallebensversicherungen eignen sich für *konservative* und *progressive* Sparer.

Fondsgebundene Lebensversicherungen verheißen risikobewussten Anlegern in guten Börsenphasen ausgezeichnete Renditen.

Direktversicherungen eignen sich für alle: *konservative*, *progressive* und *risikobewusste* Anlegertypen. Wer dieses Steuergeschenk ausschlägt, ist selber schuld!

Rentenversicherung Eine private Rentenversicherung zahlt lebenslänglich. Das ist gut für *konservative* und *progressive* Anleger.

Regelmäßige Geldanlage in verschiedenen Lebensphasen

Die Feststellung des individuellen Risikotyps ist entscheidend bei der Auswahl des richtigen Finanzprodukts, wie wir oben gesehen haben. Ein zweiter wichtiger Faktor ist die Lebensphase des Anlegers. Beim Berufsstart, in der Familienphase, beim Abzahlen des eigenen Häuschens, kurz vor der Rente – die verschiedenen Lebensstufen erfordern unterschiedliche Sparstrategien. Und die meisten familiären Veränderungen ziehen Konsequenzen nach sich.

Notreserve aufbauen Ein Finanzpolster für Unvorhersehbares braucht jeder. 20000 bis 30000 Mark sollten Sie dafür ansammeln mit

- Banksparplänen
- Bundesschatzbriefen
- Pfandbriefen
- Investmentfonds

Ausbildung und Berufsstart So schnell wie möglich sollte man die Geschenke vom Staat nutzen: vermögenswirksame Leistungen, Arbeitnehmersparzulage und Wohnungsbauprämie anlegen in

- Banksparplänen
- Bundesschatzbriefen
- Pfandbriefen
- Investmentfonds
- Bausparen

Singles Eine Notreserve von 2 bis 3 Monatsnettogehältern ist unumgänglich. Aufbau von Eigenkapital durch

- Banksparpläne
- Bundesschatzbriefe
- Pfandbriefe
- Investmentfonds
- Bausparen

Bei Zinspapieren sollten Sie nicht über den Steuerfreibetrag kommen und ab 35 bis 40 Jahren eine Direktversicherung über den Arbeitgeber anstreben oder, wenn dies nicht möglich ist, eine Kapitallebensversicherung abschließen.

Eheleute oder eheähnliche Gemeinschaften Auch hier ist eine Notreserve von 2 bis 3 Monatsnettogehältern unbedingt erforderlich. Aufbau von Eigenkapital durch

- Banksparpläne
- Bundesschatzbriefe
- Pfandbriefe
- Investmentfonds
- Bausparen

Bei Zinspapieren sollten Sie nicht über den Steuerfreibetrag kommen und ab 35 bis 40 Jahren eine Direktversicherung über den Arbeitgeber anstreben oder, wenn dies nicht möglich ist, eine übliche Kapitallebensversicherung abschließen. Eventuell empfiehlt sich der Erwerb einer eigengenutzten Immobilie.

Familien mit kleinen Kindern Die Notreserve von 2 bis 3 Monatsnettogehältern darf auch hier nicht fehlen. Aufbau von Eigenkapital durch

- Banksparpläne
- Bundesschatzbriefe
- Pfandbriefe
- Investmentfonds
- Bausparen

Bei Zinspapieren sollten Sie nicht über den Steuerfreibetrag kommen und ab 35 bis 40 Jahren eine Direktversicherung über den Arbeitgeber anstreben oder, wenn dies nicht möglich ist, eine Kapitallebensversicherung abschließen. Eventuell empfiehlt sich der Erwerb einer eigengenutzten Immobilie.

Alleinerziehende Die Notreserve von 2 bis 3 Monatsnettogehältern ist unerlässlich. Aufbau von Eigenkapital durch

- Banksparpläne
- Bundesschatzbriefe
- Pfandbriefe
- Investmentfonds
- Bausparen

Bei Zinspapieren sollten Sie nicht über den Steuerfreibetrag kommen und ab 35 bis 40 Jahren eine Direktversicherung über den Arbeitgeber anstreben oder, wenn dies nicht möglich ist, eine Kapitallebensversicherung abschließen.

Vorsorge für Kinder Empfehlenswert ist es, einen Teil des Kindergeldes, beispielsweise 100 Mark, regelmäßig anzusparen. Das Geld kann für Ausbildung, Studium, Notfälle, als Startkapital ins eigene Leben dienen.

- Investmentfonds
- Banksparpläne
- Bundesschatzbriefe
- Pfandbriefe

Familien mit älteren Kindern Auch hier kann nicht auf die Notreserve von 2 bis 3 Monatsnettogehältern verzichtet werden.

Es empfiehlt sich, auf Sondertilgungstermine der eigengenutzten Immobilie zu sparen. Vorsicht bei Zinspapieren: Übersteigen Sie nicht den Steuerfreibetrag. Als Zweit-Lebensversicherung können Sie eventuell eine fondsgebundene Lebensversicherung abschließen. Auch eine Rentenversicherung kann ratsam sein. Bei freien Kapazitäten bieten sich Index-Zertifikate und Discount-Zertifikate an.

Am Ende des Arbeitslebens Die Notreserve von 2 bis 3 Monatsnettogehältern bleibt unverzichtbar. Ihre eigengenutzte Immobilie sollte jetzt abgezahlt sein. Vorsicht bei Zinspapieren: Kommen Sie nicht über den Steuerfreibetrag! Es ist jetzt an der Zeit, Ihr Kapital von Aktienfonds in sichere Immobilienfonds oder Rentenfonds umzuschichten.

Eintritt ins Rentenalter Die Notreserve von 2 bis 3 Monatsnettogehältern bleibt oberstes Gebot.

Jetzt können Sie sich Ihre Rentenversicherung auszahlen lassen und Auszahlpläne von Investmentfonds nutzen. Achten Sie darauf, dass Sie bei Zinspapieren den Steuerfreibetrag nicht überschreiten.

☞ Tipp: Anlagebuch führen

Schaffen Sie sich ein Anlagebuch an. Das kann ein Ordner, ein Schulheft, ein Timer, eine Datei im Computer sein – je nach Wunsch. Hier sollten Sie alle Ihre Geldanlagen notieren. Start, monatliche oder jährliche Einzahlungen, Laufzeit, Kündigungstermine, Ausschüttungsdatum und andere wichtige Fakten sollten Sie übersichtlich vermerken. Mithilfe einer Tabelle kann man den jeweiligen Stand am Ende jedes Jahres ermitteln. Und sich am Sparfortschritt freuen.

5
Knackpunkt Flexibilität

Gerade bei kleineren Budgets und bei geringeren Geldbeträgen sind Anleger darauf angewiesen, ihr Kapital so optimal wie irgend möglich zu nutzen. Da ist es ganz bestimmt nicht sinnvoll, jahre- oder gar jahrzehntelang Monat für Monat vom Haushaltsbudget Geld abzuzwaken, über das man während dieser Zeitspanne nicht – oder nur unter Inkaufnahme schmerzlicher Verluste – verfügen kann.

Im Mittelpunkt dieses Kapitels steht daher die Flexibilität einer Anlage, also ihre Verfügbarkeit für den Sparer oder Anleger. Die im dritten Kapitel angeführten Geldanlagen werden unter dem Gesichtspunkt der Verfügbarkeit unter die Lupe genommen.

Banksparpläne Langfristige Geldanlageformen sind unflexibel. Dies gilt auch für die lang laufenden Sparpläne. Hier können Sparer oft erst nach Ablauf der Mindestlaufzeit, die bei Vertragslaufzeiten bis 25 Jahre acht Jahre betragen kann, aussteigen und über das Geld verfügen. Sie sollten außerdem prüfen, ob nach Erfüllung des Sparanteils der Vertrag noch ein Jahr ruht, bevor er ausgezahlt wird, oder ob eine weitere Hürde, etwa eine zusätzliche Kündigung, eingebaut ist. Im letzteren Fall läuft das Sparen mit gesetzlicher Kündigungsfrist weiter, und Sie dürfen monatlich – wie beim Sparbuch – nur 3000 Mark abheben.

Prüfen Sie bei Vertragsabschluss auch, wie sich ein vorzeitiger Ausstieg auswirkt. In der Regel hat das unangenehme Konsequenzen für den Sparer. Im schlechtesten Fall verlieren Sie Bonus und Zinsaufschläge – man zahlt Ihnen also rückwirkend nur den normalen Sparbuchzins.

▸ Bewertung: geringe Flexibilität

Pfandbriefe Pfandbriefe werden an der Börse gehandelt und ihr Kurswert wird täglich festgestellt. Man kann die Anlage also börsentäglich verkaufen und bleibt dadurch eigentlich flexibel. Doch der Wert des jeweiligen Pfandbriefes schwankt aufgrund der aktuellen Marktsituation. Dann ist es bei negativen Entwicklungen besser, die Laufzeit einfach auszusitzen.

- Bewertung: mittlere Flexibilität

Bundesschatzbriefe Sie sind besonders empfehlenswert in Niedrigzinsphasen. Nach nur einem Jahr Sperrfrist kann man jederzeit ohne Kosten (über die Bundesschuldenverwaltung) aussteigen und in besser verzinste Anlagen umschichten.

- Bewertung: hohe Flexibilität

Aktienfonds Sparpläne von Investmentfonds sind Flexibilität pur. Denn alles ist möglich: Raten erhöhen, verringern, aussetzen oder auch schnell Kasse machen. Und das ist neben den meist angenehmen Renditen von Aktienfonds ein echtes Kaufargument. Doch empfiehlt es sich, Aktienfonds ein Jahr zu halten – wegen der Steuer auf Spekulationsgewinne.

- Bewertung: hohe Flexibilität

Altersvorsorgefonds Weil der Gesetzgeber hiermit ein spezielles Instrument für die Altersvorsorge schaffen wollte, muss in Sparpläne der Altersvorsorgefonds mindestens 18 Jahre eingezahlt werden. Ein Ausstieg ist bei einer dreimonatigen Kündigungsfrist zum Quartalsende dennoch möglich.

- Bewertung: mittlere Flexibilität

Dachfonds Die erfreuliche Verfügbarkeit der Investmentfonds gilt auch bei den übergreifenden Fonds der Fonds.

- Bewertung: hohe Flexibilität

Indexnahe Fonds Ganz nah am Index und immer nah am investierten Geld. Auch mit indexnahen Investmentfonds bleiben Anleger jederzeit flexibel und können börsentäglich auf ihr Vermögen zugreifen.

▸ Bewertung: hohe Flexibilität

Offene Immobilienfonds Wer mit offenen Immobilienfonds Stück für Stück in Wolkenkratzer investiert, bleibt trotzdem flexibel. Denn die Anteile am steinernen Investment sind wochentäglich zu verkaufen.

▸ Bewertung: hohe Flexibilität

Rentenfonds Das Kapital in lang laufende Anleihen stecken und trotzdem jederzeit über das Geld verfügen können – das ermöglichen Rentenfonds.

▸ Bewertung: hohe Flexibilität

Index-Zertifikate können börsentäglich wieder verkauft werden – entweder (häufig) an den jeweiligen Emittenten oder (immer) an der Börse. Das ist auch dringend notwendig, wenn der Kurs immer weiter nach unten sackt.

▸ Bewertung: hohe Flexibilität

Discount-Zertifikate Ausgestattet mit relativ kurzen Laufzeiten – meist zwischen 18 und 24 Monaten – sind Discount-Zertifikate börsentäglich zu verkaufen.

▸ Bewertung: hohe Flexibilität

Bausparen Von Flexibilität keine Spur. Wenn Sie einmal unterschrieben haben, stecken Sie in Ihrem Bausparvertrag fest. Zwar können Sie jederzeit kündigen, doch dies führt zu großen Nachteilen: Verlust der Wohnungsbauprämie, Verlust der Arbeitnehmersparzulage, Verlust der Sonderzinsen und Verlust der Abschlussgebühr. Außerdem erfolgt die Auszahlung dann meist zum Monatsletzten, allerdings frühestens sechs Monate nach Eingang der Kündigung.

▸ Bewertung: geringe Flexibilität

Kapitallebensversicherung Das Problem bei den lang laufenden Verträgen ist, dass die meisten Sparer diese lange Zeit nicht durchstehen. Selbst die Versicherungsbranche gibt zu, dass jede zweite Kapitallebensversicherung vorzeitig gekündigt wird. Schätzungen von Verbraucherschützern gehen sogar von bis zu zwei Dritteln aller Verträge aus.

Prinzipiell ist eine Lebensversicherung jederzeit zum Ende des laufenden Versicherungsjahres kündbar. Doch die Versicherungen bestrafen den Kündigungswilligen mit erheblichen finanziellen Einbußen. Der Grund dafür ist die Zillmerung, genannt nach dem Mathematiker August Zillmer. Bei diesem System werden Provisions- und Abschlusskosten aus den Beiträgen der ersten Jahre gedeckt. Ein echter Nachteil für den Versicherten. Denn er bekommt als so genannten Rückkaufswert in der ersten Zeit – meist bis zu zehn Jahren – noch nicht einmal seine Beiträge zurück.

▸ Bewertung: geringe Flexibilität

Fondsgebundene Lebensversicherung Auch wenn fondsgebundene Lebensversicherungen mit einem äußerst flexiblen Instrument, den Investmentfonds, verbunden sind: Sie gehören zur Familie der nur mit Verlust kündbaren Lebensversicherungen.

▸ Bewertung: geringe Flexibilität

Direktversicherung Auch Direktversicherungen sind Teil der Lebensversicherungsfamilie mit ihrer für den Sparer schlechten Verfügbarkeit der eingezahlten Gelder. Trotzdem: Schlagen Sie dieses Steuergeschenk nicht aus!

▸ Bewertung: geringe Flexibilität

Private Rentenversicherung Auch hier droht bei vorzeitiger Kündigung nach kurzer Zeit durch die niedrigen Rückkaufswerte ein finanzieller Verlust.

▸ Bewertung: geringe Flexibilität

Übersicht zur Flexibilität: Verfügbarkeit des eingezahlten Geldes für den Sparer oder Anleger

Hohe Flexibilität (anlegerfreundlich)	Bundesschatzbriefe Aktienfonds Dachfonds Indexfonds Offene Immobilienfonds Rentenfonds Index-Zertifikate Discount-Zertifikate
Mittlere Flexibilität (akzeptabel für Anleger)	Pfandbriefe Altersvorsorgefonds
Niedrige Flexibilität (Anleger sind im Vertrag geknebelt)	Banksparpläne Bausparen Kapitallebensversicherungen Fondsgebundene Lebensversicherungen Direktversicherungen Private Rentenversicherungen

6
Bankformen

Neben Banken und Sparkassen mit ihren Geschäftsstellen an der Ecke haben sich in den letzten Jahren mit Telefon- oder Internet-Banking verschiedene neue Bankformen entwickelt. Außerdem buhlen Kapitalanlagegesellschaften, Lebensversicherungen, Hypothekenbanken und Bausparkassen um Ihr gutes Geld. Schließlich ist die Bundesschuldenverwaltung für Bundespapiere eine empfehlenswerte Adresse. All diese Bankformen werden in diesem Kapitel vorgestellt. Außerdem sind die jeweils dort erhältlichen Finanzprodukte aufgelistet.

Traditionelle Banken und Sparkassen

Vor einigen Jahren musste man im deutschen Bankensystem neben den Besitzverhältnissen nur das Unterscheidungsmerkmal Universalbank/Spezialbank kennen. Das hat sich grundlegend geändert.

Universalbanken offerieren ihren Kunden die gesamte Palette der Bankdienstleistungen. Daneben gibt es Spezialbanken, die sich auf einzelne Geschäftsbereiche spezialisiert haben und dort Kompetenzen und eventuell auch interessante Konditionen vorweisen können. In Deutschland herrschen historisch bedingt Universalbanken vor. Anders ist es in den angelsächsischen Ländern und in Japan. Dort lässt das Trennbankensystem entweder nur das Investmentgeschäft oder ausschließlich das Einlagen- und Kreditgeschäft zu.

Heutzutage läuft man mit Kreditwünschen bei allen Kreditinstituten offene Türen ein. Das Gewinn bringende Geschäft mit den Privat-

Ein Blick zurück

Privatkunden waren bis in die sechziger Jahre hinein in punkto Kredite eine uninteressante Klientel für die Geschäftsbanken. Um dies zu ändern, bedurfte es eines besonderen Anstoßes: 1958 trug Robert Pferdmenges, Bankier und persönlicher Berater Konrad Adenauers, auf dem IX. Deutschen Bankiertag in Köln einen Brief des damaligen Bundeswirtschaftsministers Ludwig Erhard vor. Zitat: »Es gehört nach meinen Vorstellungen nun einmal zu den Aufgaben eines Bankiers, dass man bei ihm auch als Privater ein paar hundert Mark leihen kann, ohne dafür Haus und Hof verpfänden zu müssen.«
Ein Jahr später begann die Kredit-Revolution: Ab dem 2. Mai 1959 führte die Deutsche Bank einen nicht besicherten persönlichen Kleinkredit bis zu 2000 Mark gegen Vorlage einer Lohn- oder Gehaltsabrechnung ein. Die Verbraucher nahmen die Idee an. Innerhalb von fünf Jahren ließen sie sich weit über eine Million Kredite mit einem Volumen von insgesamt 1,3 Milliarden Mark auszahlen. Diese Summe entsprach damals einem Marktanteil von 22 Prozent. Wer vor 1959 als Arbeitnehmer Geld leihen wollte, der wurde auf die Sparkassen verwiesen.

kunden wurde von allen Banken erkannt, die Bankdienstleistungen auf diese Klientel abgestimmt. Mittlerweile sind auch Nicht-Firmenkunden gefragte Geschäftspartner.

Deswegen hat man als Privater die Wahl zwischen einer Vielzahl von Kreditinstituten. Dabei liegen die Unterschiede nicht nur im Leistungsangebot, sondern auch bei den Gebühren und Zinskonditionen. Die richtige Bank als Partner und Ratgeber für die individuellen Bedürfnisse sollte sorgfältig ausgewählt werden. Dabei ist auch zu berücksichtigen, dass nicht alle Serviceleistungen bei einer einzigen Bank zu verwirklichen sind.

Nicht jede deutsche Universalbank passt zum eigenen Portemonnaie und zur Anlagementalität. Bei der Entscheidung für die individuell richtige Bank muss man daher auf die Unterschiede achten. Kriterien sind hierbei die Geschichte, die Kundenstruktur und das jeweilige Angebot am Wohnort.

Die typischen Geschäftszweige einer Universalbank

- Girogeschäft – das Durchführen des bargeldlosen Zahlungsverkehrs
- Einlagengeschäft – Gelder werden als Einlagen angenommen. Dabei gibt es kurzfristige Sichteinlagen, zeitlich befristete Termineinlagen und längerfristige Spareinlagen.
- Kreditgeschäft – Die Banken geben kurz- oder längerfristige Darlehen aus. Typische Beispiele sind Dispositionskredit, Konsumentenkredit oder Hypothekenkredit.
- Wertpapiergeschäft – Banken (ver-)kaufen Wertpapiere auf Rechnung ihrer Kunden und auf eigene. Zum Wertpapiergeschäft gehört auch das Deponieren.
- Investmentgeschäft – ist die Anlage von Kundengeldern im eigenen Namen, aber auf gemeinschaftliche Rechnung der Anleger. Die Gelder werden im Investmentgeschäft in Wertpapieren oder Immobilien nach dem Prinzip der Risikostreuung angelegt. Beispiel: Aktien- und offene Immobilienfonds

Geschäftsbanken

Gut die Hälfte der über 300 Geschäftsbanken in Deutschland sind Regionalbanken, die nur in einem begrenzten Gebiet arbeiten. Alle Geschäftsbanken zusammen erzielen ein Drittel des Geschäftsvolumens im Privatkundengeschäft.

Die bekanntesten Geschäftsbanken, allesamt Aktiengesellschaften, sind die *Großbanken*. Davon gibt es in Deutschland noch vier: Deutsche Bank, Dresdner Bank und Commerzbank, allesamt mit Sitz in Frankfurt/Main. Dazu gesellt sich mit der HypoVereinsbank Konkurrenz aus München: immerhin die zweitgrößte Bank Deutschlands.

Diese größten deutschen Kreditinstitute – die Deutsche Bank ist nach dem Kauf der amerikanischen Investmentbank Bankers Trust die zweitgrößte Bank der Welt – sind typische Universalbanken, die das Bankgeschäft in seiner ganzen Breite betreiben. Zudem haben sie eigene Tochterbanken, beispielsweise für das Investment- oder das Hypothekengeschäft sowie solche im Ausland. Ihr Bilanzvolumen (ohne HypoVereinsbank) macht zusammengerechnet nur etwa 9 Prozent der gesamten Kreditwirtschaft aus, gemeinsam mit allen Töchtern erreichen sie aber ein Fünftel.

Für Unternehmer gilt die ungeschriebene Regel, bei einer der großen Vier eine Bankverbindung zu haben. Diesen Prestigegewinn benötigen Private nicht. Doch wer umfassende Bankdienstleistungen sucht, findet bei den Großen, die ihre Filialen hauptsächlich in größeren Städten unterhalten, sicherlich Spezialisten. Dabei sollte man allerdings die nicht gerade günstigen Gebühren berücksichtigen.

Privatbanken

Nicht jeder darf hier sein Geld für sich arbeiten lassen. Oder anders formuliert: Nur die wenigsten werden als Kunden akzeptiert. Exklusivität pur herrscht bei den nur noch knapp 60 Privatbankiers im Lande. Der traditionsreichste Zweig der deutschen Kreditwirtschaft wird immer kleiner. 1957 gab es noch 245, 1980 nur noch 83 Privatbanken. Auch die Großbanken schmückten sich gern mit diesem Nimbus und der interessanten Kundenklientel und kauften fleißig auf. Die verbliebenen Häuser haben unterschiedliche Schwerpunkte. Gemeinsam ist ihnen, dass sie kein Filialnetz betreiben. Das 1789 gegründete Bankhaus Sal. Oppenheim jr. & Cie. in Köln ist die größte deutsche – und europäische – Privatbank.

Sparkassen

Obwohl in den letzten 20 Jahren 217 Sparkassen fusionierten, gibt es noch knapp 600 öffentlich-rechtliche Kreditinstitute. Sie entstanden im 19. Jahrhundert als Unterstützung für die ärmeren Bevölkerungsschichten. So verpflichtet das Sparkassengesetz noch heute zum flächendeckenden Betrieb des Mengengeschäfts. Und den versehen die Sparkassen nach wie vor mit aller Gründlichkeit, denn immer-

Checkliste: Woran Sie beim Bankwechsel denken müssen

- Neues Konto eröffnen. Dazu Gehaltsbescheinigungen vorlegen. EC-Karte und eventuell Kreditkarte beantragen.
- Die Arbeit beginnt: Prüfen Sie anhand Ihrer Kontoauszüge des vergangenen Jahres, welche Einzugsermächtigungen, Daueraufträge, Gutschriften Ihr Konto bewegen. Teilen Sie Ihrem Arbeitgeber und allen relevanten Verbindungen Ihre neue Kontoverbindung schriftlich mit, beispielsweise per Fax. Daueraufträge leiten Sie selbst um.
- Ein Vierteljahr sollten neues und altes Bankkonto nebeneinander herlaufen. Sie benötigen, um liquide zu sein, die neue EC-Karte.
- Schlusspunkt: Das alte Konto löschen lassen. Hierbei ist keine Kündigungsfrist zu beachten. Schecks und Karten ungültig machen.
- Übrigens: Der oft angebotene Umzugsservice der Banken hilft wenig, da die Gehaltszahlungen und Einzugsermächtigungen nicht automatisch umgeleitet werden können.

hin decken sie knapp 40 Prozent des Privatkundengeschäftes ab. Ursprünglich betreuten sie nur Spargelder und das Realkreditgeschäft. Heute sind Sparkassen Universalbanken, die alle Bankgeschäfte anbieten.

In keinem anderen Land der Welt ist der Staat derart direkt in der Bankenbranche engagiert wie die Bundesrepublik bei den öffentlich-rechtlichen Sparkassen und Landesbanken. Letztere sind die Girozentralen des Sparkassensystems und agieren auch als Hausbanken der Länder und Kommunen. Die Gewährträgerhaftung garantiert, dass der Staat und damit der Steuerzahler für die Verbindlichkeiten der Bank haftet. Die Haftungsträger der Sparkassen sind Gemeinden, Städte und Kreise. Einen gewissen Teil des Jahresüberschusses, meist 2 Prozent, überweisen die Sparkassen deswegen an die jeweiligen Kommunen.

Den Kunden bieten Sparkassen ein dichtes Netz von Filialen und Geldautomaten. Dabei konzentrieren sie sich eher auf den ländlichen Raum.

Private Banken versus öffentlich-rechtliches System

Ein Donnerschlag rüttelte im Sommer 1999 die deutsche Bankenlandschaft auf. Die Europäische Kommission verurteilte die Westdeutsche Landesbank (WestLB) zur Rückzahlung von 1,6 Milliarden Mark (Stand Sommer 2000: 2,3 Milliarden Mark) unerlaubter Beihilfe. Die Entscheidung ging zurück auf eine Beschwerde der privaten Banken vom Dezember 1994. Konkret beanstandeten sie die Übertragung der Wohnungsbauförderung des Landes Nordrhein-Westfalen auf die WestLB zur Stärkung der Eigenkapitalbasis. Die Kommission entschied, dass der Landesbank von 1992 bis 1998 zu marktwidrig günstigen Bedingungen Gelder übertragen worden sind. Die privaten Banken wollten durch ihre Klage nach eigener Aussage gleiche Wettbewerbsbedingungen schaffen. Dies sei mit der Entscheidung erreicht. Doch das Verfahren ist noch beim Europäischen Gerichtshof anhängig und kann sich womöglich bis Ende 2001 hinziehen.

Im Grunde wollen die privaten Banken das Prinzip der Gewährträgerhaftung der öffentlich-rechtlichen Institute zu Fall bringen. Denn dabei haften die Gebietskörperschaften als Gewährträger im Außenverhältnis unbeschränkt für die Verbindlichkeiten der Sparkassen und Landesbanken, die gerne von ihren Regierungen als Instrument der Wirtschaftspolitik eingesetzt werden. So genießen diese Institute die Bonität ihres Gewährträgers, also der Kommunen im Fall der Sparkassen und des jeweiligen Bundeslandes im Fall der Landesbanken, und damit eine hohe Kreditwürdigkeit, also ein höheres Rating, das sich auch in günstigen Refinanzierungskosten niederschlägt. Dadurch können sich Sparkassen und Landesbanken billiger Kapital beschaffen – aus Sicht der privaten Banken ein Wettbewerbsvorteil.

Übrigens steht die Gewährträgerhaftung schon seit 1997 auf der Brüsseler Tagesordnung. Damals beauftragten die europäischen Regierungschefs die EU-Kommission, die Strukturen der Bankensysteme in den einzelnen Ländern zu untersuchen.

Diese Gewährträgerhaftung und auch die so genannte Anstaltslast sind der Grund der zweiten Beschwerde der privaten Banken, die zu einem Musterverfahren führen wird. Sie glauben, dass die Refinanzierungsvorteile durch staatliche Garantien den Wettbewerb zwischen öffentlichen und privaten Banken in der EU erheblich verzerren. Der günstige Einkauf des Geldes gewinnt angesichts des immer härter werdenden Konkurrenzkampfes zunehmend an Bedeutung. Hinter der

komplizierten juristischen Auseinandersetzung zwischen privaten und öffentlich-rechtlichen Banken stehen also handfeste Wirtschaftsinteressen.
Prinzipiell steht der öffentlich-rechtliche Bankensektor seit Sommer 1999 unter Druck. In die Diskussion gerät der Sinn des staatlichen Engagements in diesem Bereich. Es bleibt abzuwarten, ob Sparkassen und Landesbanken wegen der Europäischen Kommission oder als Folge einer Modernisierung ihre Besitzstrukturen ändern, sich in Aktiengesellschaften wandeln und beispielsweise mit einer Beteiligung der öffentlichen Hand an die Börse gehen. Dies ist vor allem für die Landesbanken denkbar.
Branchenexperten gehen davon aus, dass die Privatisierung öffentlich-rechtlicher Banken nicht aufzuhalten ist.

Volks- und Raiffeisenbanken

Über 2000 Volks- und Raiffeisenbanken betreuen knapp 20 Prozent des Privatkundengeschäfts. Als Genossenschaftsbanken gehören sie den jeweiligen Mitgliedervereinigungen der Bankkunden. Im städtischen Bereich firmieren sie als Volksbanken, im ländlichen als Raiffeisenbanken. Dabei haben sie eine beispiellose Fusionswelle hinter sich: In den letzten 20 Jahren schlossen sich 2704 Genossenschaftsbanken zusammen.

Konzipiert waren die Genossenschaftsbanken als Selbsthilfeeinrichtungen des Mittelstandes – Handwerker, Selbstständige, Händler, Kleingewerbetreibende, für die Kredite entweder zu teuer oder zu weit weg, also nur in den großen Städten zu haben waren. Deswegen gründeten Hermann Schulze-Delitzsch und Friedrich Wilhelm Raiffeisen die ersten Kreditgenossenschaften, die später auch Bankdienstleistungen für jedermann anboten. 1960 bestand mehr als ein Drittel aller Mitglieder der Genossenschaften aus unselbstständig beschäftigten Angestellten und Arbeitern. Das international operierende Spitzeninstitut der genossenschaftlichen Bankengruppe ist die DG Bank, die Deutsche Genossenschaftsbank.

Heute haben die Volks- und Raiffeisenbanken ein ebenso umfassendes Leistungsangebot wie Universalbanken. Und das zu meist günstigen Konditionen. Wie auch die öffentlich-rechtlichen Institute verfügen die Volks- und Raiffeisenbanken über viele Filialen und ein dichtes Netz von Geldautomaten.

Was Banken von Ihnen wissen und wie sie sich zusätzlich absichern

Um sich das Verhältnis Kunde/Bank bewusst zu machen, sollte man bedenken, dass Banken einen außerordentlich großen Einblick in das Leben ihrer Kunden genießen. Eine Hausbank hat den detaillierten Überblick über die finanzielle Situation eines Kunden und ihre Entwicklung, sie kennt sein Anlageverhalten und seine persönliche familiäre Situation, weiß, woher die Gelder auf seinem Konto stammen und wofür er sie ausgibt. Auch das Zahlungsverhalten des Kunden bleibt ihr nicht verborgen, etwa ob er nur auf Mahnungen reagiert oder Rechtsanwälte einschaltet. Das Gleiche gilt für Ihre Kaufgewohnheiten – intensiv mit Kreditkarte, häufig beim Versandhandel –, Ihr Spendenverhalten und Ihre Freizeitgestaltung. Und weil die Mitgliedsbeiträge meist über ein Girokonto laufen, weiß sie auch, zu welcher politischen Partei Sie gehören. Das ist ein Vertrauensvorschuss des Kunden, den die Banken nicht in jedem Fall rechtfertigen. Zudem sollte man nie vergessen: Kein Bankkunde ist ein Bittsteller, sondern ein gesuchter Geschäftspartner. Man kann sich also gegenüber seiner Bank selbstbewusst verhalten. Denn schließlich verdient die Bank an dieser Verbindung.

Und trotzdem hat die sicherheitsbewusste Bankbranche ein weiteres Netz installiert: die Schufa. Die Schutzgemeinschaft für allgemeine Kreditsicherung mit Sitz in Wiesbaden ist ein privates Unternehmen, das von der kreditgebenden Wirtschaft finanziert wird. Nicht zufällig wird sie von vielen wie eine Behörde wahrgenommen, denn sie sammelt Daten. Nach eigenen Angaben verfügt sie – bei 80 Millionen Deutschen – über 46 Millionen Personenstammsätze. In diesen ist hinterlegt, wie kreditwürdig der Einzelne ist. Dazu werden alle relevanten Daten gesammelt. Die Schufa weiß, wie viele Girokonten Sie haben, kennt die Höhe Ihres Überziehungskredites und die Anzahl Ihrer Kreditkarten. Sie hat vollständige Informationen über Ihre Kredite und Leasingverträge. Und weil die Bankenbranche alles genau wissen will, sind natürlich in Ihrem Personenstammsatz die Vertragskündigungen, die auf Ihrem Verschulden beruhen, ebenso gelistet wie Zwangsvollstreckungen, Offenbarungseide und verspätete Ratenzahlungen.

Bei den traditionellen Banken und Sparkassen sind folgende Anlageprodukte erhältlich:

- Bankensparpläne
- Investmentfonds – über die Tochterfirmen: Investmentfondsgesellschaften
- Pfandbriefe – eventuell aber teurer als bei Hypothekenbanken
- Bundesschatzbriefe – Bundespapiere kann man auch über die meisten Banken und Sparkassen erwerben
- Bausparen – über Kooperationspartner oder Tochtergesellschaften der Banken und Sparkassen
- Lebensversicherungen – über Kooperationspartner der Banken und Sparkassen

Spezialbanken: Hypothekenbanken und Bausparkassen

Das deutsche Bankensystem bietet neben den Universalbanken eine breite Palette von Spezialbanken, die nur in einem bestimmten Geschäftsfeld tätig sind. Mehr als ein Viertel des Geschäftsvolumens aller Kreditinstitute entfällt auf Spezialbanken.

Hypothekenbanken

Das sind privatrechtliche Kreditinstitute, deren Geschäftsbetrieb vorwiegend darauf ausgerichtet ist, Grundstücke zu beleihen und aufgrund der erworbenen Hypotheken Schuldverschreibungen wie Pfandbriefe auszugeben und Darlehen an Körperschaften und Anstalten des öffentlichen Rechts zu gewähren.

Hypothekenbanken vergeben hauptsächlich Realkredite. Das sind langfristige Kredite mit besonderen Kreditsicherheiten wie Verpfändung oder Sicherungsübereignung realer Vermögenswerte. Aus diesem Grund heißen die 30 deutschen Hypothekenbanken auch Realkreditinstitute.

Bei den Hypothekenbanken ist folgendes Anlageprodukt erhältlich:

- Pfandbriefe

Bausparkassen

Ihre Hauptgeschäftstätigkeit ist im § 1 des Gesetzes über das Kreditwesen (KWG) geregelt. Das Bauspargeschäft ist als einzig zulässige Art des Zwecksparens überhaupt erlaubnispflichtig und darf nur von Bausparkassen betrieben werden, deren Bezeichnung gesetzlich geschützt ist.

Die 30 privaten und öffentlich-rechtlichen Bausparkassen nehmen Einlagen oder Gelder von Bausparern entgegen und gewähren ihnen aus den angesammelten Beträgen nach Eintritt der Zuteilungsreife ein zinsverbilligtes Darlehen zum Errichten, Beschaffen, Erhalten und Verbessern von Wohnraum sowie für das Erwerben von Bauland. Das Bauspargeschäft entspricht einem Kollektivvertrag unter den Sparern, bei dem das Sparvermögen von der Bausparkasse gegenüber dem Kapitalmarktzins relativ niedrig verzinst und der später in Anspruch genommene Bausparkredit günstig vergeben wird.

Seit dem 1. Januar 1973 können private Bausparkassen nur noch als Aktiengesellschaft errichtet werden. Allerdings dürfen die bis dahin bestehenden Gesellschaften mit beschränkter Haftung und Genossenschaften ihre Rechtsform behalten. Die Rechtsform öffentlich-rechtlicher Institute wird von den Ländern bestimmt.

Die Geschichte der Bausparkassen reicht bis in das Jahr 1775 zurück, als in Birmingham die »Ketley's Building Society« gegründet wurde. 1831 folgte die »Oxford Provident Building Association« in Frankfort/Pennsylvania als erste Bausparkasse in den USA. In Deutschland startete die Bausparbewegung erst 1885 mit der Gründung der Bielefelder »Bausparkasse für Jedermann«.

Bei Bausparkassen ist folgendes Anlageprodukt erhältlich:

- Bausparen

Neue Wege im Bankengeschäft

Die Technik revolutioniert das Bankengeschäft. Die Bearbeitung üblicher Transaktionen per Computer ist längst Bankenalltag. Und durch die moderne Kommunikationstechnik spielt auch räumliche Nähe keine große Rolle mehr. Parallel wird der Bezug zum Geld an sich ein anderer. Anstelle von Scheinen und Münzen sehen wir immer häufiger nur noch virtuelle Beträge auf Papier, Display oder Bildschirm. Für die Generationen, die mit den neuen Technologien aufgewachsen sind, ist dieser Umgang mit Geld nahezu selbstverständlich. Besonders für sie sind die neuen Formen der Geldinstitute interessant.

Schon 10 Millionen Online-Konten

Über 10 Millionen Konten wurden Ende 1999 online geführt. Damit hat sich der Boom der vergangenen Jahre in abgeschwächter Form fortgesetzt: Ihre Zahl stieg im Vergleich zu 1998 mit 6,9 Millionen Konten um etwa die Hälfte. Seit 1995 hat sich ihre Zahl mehr als versiebenfacht.
Zum Standard im Online-Service der Banken gehören mittlerweile Kontostandsabfrage, die Ausführung von Einzelüberweisungen, die Abwicklung von Daueraufträgen oder Lastschriften, Beispielrechnungen für Kredite oder Sondersparformen und nicht zuletzt der Kauf und Verkauf von Wertpapieren.
Online-Brokerage ist eine der Hauptursachen für den aktuellen Online-Boom. Und es kommen immer mehr Serviceangebote via Internet hinzu: von der Baufinanzierung bis zum Aktienfondssparplan.

Von 10 Millionen Konten werden online geführt:

Bankform	Online-Konten	Marktanteil
Private Banken	4,4 Mio.	über 40%
Sparkassen	3,1 Mio.	31%
Volks- und Raiffeisenbanken	2 Mio.	20%
Postbank	660000	6%

Die neuen Formen der Geldinstitute bringen neue Begriffe mit sich: Online-Banking, Home-Banking, Computer- oder PC-Banking, Direktbanken, Telefon-Banking, Autobanken.

Beim *Online-Banking* nutzt man für seine Bankgeschäfte das Internet oder einen Online-Dienst. Da man dazu einen Computer braucht, nennt man diese Form der Finanztransaktionen auch *PC-* oder *Computer-Banking*. Beim *Telefon-Banking* wird stattdessen per Telefon mit der Bank kommuniziert. Alle diese Formen zusammen werden als *Home-Banking* bezeichnet – egal, ob man dies tatsächlich von zu Hause aus, vom Büro oder von unterwegs betreibt. Entscheidend ist, dass der Bankkunde nicht in eine Geschäftsstelle seiner Bank geht (*Filialbanking*). *Direktbanken* haben überhaupt keine Filialen mehr. Das trifft auch auf die *Autobanken* zu, die zu großen Automobilkonzernen gehören.

Gelegentlich überschneiden sich die Definitionen. Denn viele Filialbanken sind auch telefonisch und online zu erreichen. Beispielsweise bietet eine Großbank ein Girokonto mit Wahlmöglichkeiten zwischen Telefon-, Online-Banking und Filialbetreuung. Das Konto kostet 8,40 Mark im Monat. Pro Transaktion per Telefon oder Computer werden 50 Pfennig Gebühren gutgeschrieben. Die Banker nennen das etwas großspurig Bonussystem, dabei sind die Einsparmöglichkeiten gering: Man kann höchstens sechs den Preis drückende Aufträge erteilen. Bei 5,40 Mark ist Schluss. Billiger kann es nicht werden.

Das ist nur ein typisches Beispiel der technischen Aufrüstung, die nicht selten neue Vertriebsformen darstellt. Mit vielen Worten wird viel versprochen, doch das Ergebnis ist eher mager.

Trotzdem soll nicht übersehen werden, dass technische Serviceleistungen heute für eine gute Bank selbstverständlich sind. Die Entwicklung dahin ging vom Rationalisierungsgedanken aus. Kontoauszugsdrucker und Geldautomaten standen am Anfang. Es folgten Selbstbedienungsterminals, die alle Standardvorgänge wie Überweisungen, Daueraufträge, Konto- oder Depotauszüge ermöglichen. Inzwischen gibt es Selbstbedienungsbanken, Filialen ohne Personal.

Telefon-Banking

Telefone gibt in jedem Haushalt und Büro. Für Bankgeschäfte muss man nicht mehr in die Filiale fahren und Stau, Parkplatzsuche oder Schlangestehen in Kauf nehmen. Bequem von zu Hause oder vom Arbeitsplatz aus und sogar von unterwegs kann man Überweisungen ausführen, Daueraufträge löschen oder den Kontostand überprüfen, ohne an Öffnungszeiten gebunden zu sein.

Die Gespräche mit der Bank lassen sich über ein so genanntes Callcenter abwickeln, dessen Mitarbeitern der Kunde eine Geheimzahl oder ein Kennwort nennt. In anderen Fällen spricht man mit Sprachcomputern. Sicherheitstechnisch empfehlenswert ist die Kommunikation mit Tonsignalen – falls das jeweilige Telefon dazu fähig ist. Der Anrufer gibt Kontonummer, Codewort, Dienstleistungswünsche über die Tastatur ein. Der Sprachcomputer der Bank wertet dann die erzeugten Töne aus. Das ist allerdings nicht unbedingt jedermanns Sache, zumal die so erbrachten Serviceleistungen eng begrenzt sind.

Trotz der mittlerweile stark verringerten Gesprächsgebühren kann das Telefonieren zu einem echten Kostenfaktor werden, der gerne unterschätzt wird. Wenig empfehlenswert sind Telefon-Banken, die nur über übliche Tarife erreichbar sind. Bevorzugen Sie Institute, die Servicenummern wie 0130 oder 0180 oder den Ortstarif anbieten.

Gebühren bei der Anwahl mit Servicenummern

Rufnummer	Kosten für 1 Minute	Kosten für 5 Minuten
0130	Keine Gebühren	Keine Gebühren
01802	0,12 DM	0,12 DM
01803	0,24 DM	0,96 DM
01804	0,48 DM	2,40 DM
01805	0,24 DM	1,20 DM
0800	Keine Gebühren	Keine Gebühren

Erfragen Sie vorab die Kosten für die Kontoführung per Telefon-Banking. Denn oft verlangen Banken für die Telefon-Variante sogar höhere Gebühren. Und das, obwohl der Zeitgewinn nicht unbedingt als schlagendes Argument angeführt werden kann. Denn in Stoßzeiten wie zum Beispiel montags vormittags sind Callcenter und Sprachcomputer oft überlastet. Mehrmaliges Wählen wegen Besetztzeichen oder langes Warten in der Schleife wiegt die Vorteile des Telefon-Bankings auf.

Zudem können Bankgeschäfte nicht bei allen Banken rund um die Uhr und am Wochenende durchgeführt werden. Viele beschränken ihre Dienstleistungszeiten auf werktags von 7 oder 8 Uhr bis abends 20 oder 22 Uhr. In diesen Zeiten bieten Telefon-Banken meist nur Standards wie Überweisungsaufträge, Erteilung von Daueraufträgen oder Kontostandsabfragen. Ansonsten sind mittlerweile auch Spar- und Festgeldanlagen möglich, seltener dagegen Kreditaufträge, denn grundsätzlich kann eine umfassende Beratung sicherlich nicht am Telefon stattfinden. Für Kunden mit Vorkenntnissen, die ihre Dispositionen selbst bestimmen, gilt dies allerdings nicht.

Das eigentliche Problem beim Telefon-Banking sind Haftungsfragen. Mit Kennnummer oder -wort lässt sich leichter betrügen als beispielsweise mit einer gefälschten Unterschrift. Deswegen muss der Bankkunde selbst für die Sicherheit Sorge tragen, denn in den meisten Fällen haftet er bei Missbrauch allein. Es gibt beim Telefon-Banking keine rechtliche Haftungsobergrenze wie beispielsweise bei Kreditkarten. Nur ganz wenige Banken übernehmen die Haftung voll oder ziehen eine Haftungsgrenze für den Kunden von 500 Mark. Wegen dieser Problematik sind tägliche Verfügungen meist auf 5 000 Mark begrenzt.

Damit Sie nicht in Schwierigkeiten geraten, sollten Sie sicherstellen, dass Sie im Büro oder unterwegs nicht abgehört werden können. Hat Ihr Telefon eine Wahlwiederholung, sollten Sie für das Löschen der so gespeicherten Ziffern am Ende des Gesprächs sorgen.

Es gibt noch einen weiteren wichtigen Aspekt beim Telefon-Banking. Weil man es nicht gewohnt ist, telefonisch und damit ohne papierne Belege Bankverfügungen zu beauftragen, läuft man schnell Gefahr, beim Konten- und Geldmanagement den Überblick zu verlieren. Stichpunktartige Notizen helfen da weiter.

Online-Banking

Immer mehr Internet-Surfer sind an Online-Bank- und Aktiengeschäften interessiert. Das ergab eine Online-Umfrage des Marktforschungsunternehmens Fittkau und Maaß im Frühjahr 2000. 75,7 Prozent der 30 000 befragten Internet-Nutzer sind an Online-Banking und -Kontoführung interessiert. Im Herbst 1999 waren es nur 46,2 Prozent. Ähnliche Steigerungsraten gab es auch beim Online-Aktienhandel. Hier wuchs die Zahl der Interessierten von 39,9 auf 52,6 Prozent.

Allerdings klaffen Wunsch und Wirklichkeit noch weit auseinander. Tatsächlich genutzt wurde die Möglichkeit des Online-Bankings nur von 53,1 Prozent der Befragten, der Online-Aktienhandel von 21,1 Prozent. Deutlich wurde in der Umfrage auch, dass bei beratungs- und erklärungsintensiven Finanzangelegenheiten wie zum Beispiel Krediten oder Baufinanzierungen das Internet vor allem als Informationsquelle, aber kaum zu Geschäftsabschlüssen genutzt wird. So interessierten sich 12,4 Prozent für die Aufnahme eines Kredits, tatsächlich getan haben dies aber nur 0,6 Prozent.

Prinzipiell gibt es zwei Formen des Online-Bankings. Einmal kann man über einen Online-Dienst mit der Bank in Kontakt treten, zum anderen sich direkt über das Internet einklinken. Letzteres hat einen großen Vorteil: Man ist an keinen bestimmten Online-Dienst gebunden und kann einen kostengünstigen Netz-Provider auswählen.

Im Vergleich zum Telefon-Banking ist die Online-Variante teurer. Man benötigt grundsätzlich zunächst einen Computer, einen Telefonanschluss und ein Modem. Für das Banking über einen Online-Dienst – fast zwangsläufig wird das T-Online sein, weil nahezu alle Banken damit arbeiten – müssen eine monatliche Grundpauschale und eine zeitabhängige Nutzungsgebühr entrichtet werden. Die nötige Software wird meist von der entsprechenden Bank gestellt. Fragen Sie nach Paketangeboten: Oft werden Modems verbilligt angeboten oder sogar der Monatspreis des Online-Dienstes übernommen. Günstig bei T-Online ist, dass die zusätzlichen Telefonkosten relativ gering sind, weil generell der Citytarif gilt.

Ist man dann im Internet, werden meist Standardgeschäfte angeboten, wobei das Angebot nicht wesentlich über das beim Telefon-Banking hinausgeht: Kontostände und Umsätze abfragen, Überweisungen tätigen, Daueraufträge einrichten, ändern, löschen. Nur selten kann man per Mausklick anspruchsvollere Wertpapiergeschäfte tätigen. Doch das Entscheidende beim Online-Banking ist, dass man sich mit Informationen versorgen kann.

Beachten Sie bitte auch, dass z. B. eine Überweisung, die Sie nachts in den Computer eingeben, erst zu den üblichen Öffnungszeiten gebucht wird und damit nicht früher beim Empfänger ankommt. Die eigentliche Arbeit wird also bei allen Internet-Bankgeschäften zu den üblichen Bürozeiten erledigt.

Banking über den Computer kann für technisch Versierte, die keine Scheu vor Hard- und Software haben, praktikabel sein, zumal es tatsächlich immer, an sieben Tagen die Woche rund um die Uhr, möglich ist. Interessierte werden dabei oft mit Preisnachlässen gelockt. Dies allein kann aber kein Grund für diese Banking-Form sein. Die ge-

Studie: Internet-Banking unsicherer und umständlicher als nötig

Im Auftrag der Arbeitsgemeinschaft der Verbraucherverbände erstellte das Hamburger Institut für Finanzdienstleistungen die 58-Seiten-Studie »Banken und Internet«. Hier die wichtigsten Ergebnisse der im Mai 1999 veröffentlichten empirischen Untersuchung von 23 Banken:
Der Vertragsabschluss gestaltet sich bei fast allen Banken kompliziert, langwierig und unübersichtlich. Die Kontofreischaltung dauert zwei bis sechs Wochen. Das Beratungsangebot über Telefon oder E-Mail-Hotlines ist kein vollwertiger Ersatz für den Bankschalter. Die Mitarbeiter waren in den meisten Fällen nicht qualifiziert, weiter gehende inhaltliche Fragen zu beantworten. Die Produktpalette im Internet bleibt deutlich eingeschränkt. Verbraucherkredite gehören häufig nicht zum Angebot, obwohl sie ausdrücklich beworben werden. Teilweise sind Wertpapierorders nur telefonisch möglich. Das bedeutet einen Mehraufwand und einen Zeitnachteil zum Filialbanking. Der HBCI-Standard, also ein von der Bank zur Verfügung gestelltes Lesegerät mit Chipkarte, könnte viele Standardisierungs- und Sicherheitsprobleme lösen, wird allerdings bislang nur zögernd eingeführt.

ringeren Bankgebühren werden durch die Neuanschaffung und die erhöhten Telefon- und Stromkosten aufgefressen. Sinnvoll ist es, nicht für jede einzelne Überweisung online zu gehen, sondern die Aufträge an die Bank zu sammeln.

Beim Online-Banking hat der Bankkunde insgesamt mehr Überblick als beim Telefon-Banking, denn er kann beispielsweise die Kontobewegungen des letzten Vierteljahres listen. Trotzdem bedarf es menschlicher Ansprechpartner bei Technik- und Verständnisproblemen. Übrigens: Kontoauszüge aus dem PC werden von den Finanzämtern nicht anerkannt. Für die Steuererklärung müssen Sie sich also welche bei der Bank besorgen.

Auch beim Online-Banking ist die Sicherheitsfrage von Bedeutung. Normalerweise erhalten die Kunden eine fünfstellige persönliche Identifikationsnummer (PIN) und eine Liste mit sechsstelligen TAN (Transaktionsnummern). Jede der TAN-Ziffernfolgen wird nur einmal benutzt. Passen PIN und TAN nicht zusammen, führt der Computer die Transaktion nicht aus. Trotz all dieser Vorsichtsmaßnahmen gelten die beschriebenen Verschlüsselungen als unzureichend, doch bei Missbrauch liegt die Haftung in vielen Fällen allein beim Kunden. Lesen Sie deswegen bei der Eröffnung Ihres Online-Kontos in den Geschäftsbedingungen, wie Ihnen die Bank bei Haftungsfragen entgegenkommt. Grundsätzlich muss der Kunde die unbefugte Benutzung jeglicher Geheimcodes natürlich zu vermeiden suchen. Auf keinen Fall sollten die Ziffern in einer Computerdatei abgespeichert werden.

Der zentrale Kreditausschuss der deutschen Geldinstitute entwickelte im Auftrag des Bundesverbandes deutscher Banken den HBCI-Standard. Das Kürzel steht für Homebanking Computer Interface Standard. Nicht nur aufwändige Schlüssel, sondern auch eine digitale Signatur sollen die Daten fälschungssicher machen. Der Bankkunde bestätigt jeden Auftrag mit einer nur für ihn gültigen elektronischen Unterschrift. Technisch geschieht dies mit einem Lesegerät, in das eine Diskette oder Chipkarte geschoben werden muss. Damit kann das Geldinstitut feststellen, ob der Auftrag tatsächlich vom Kontoinhaber kommt. Wer unbefugt an das Konto will, muss also nicht nur Codenummern oder -wörter ausspähen, sondern Zugang zur Chipkarte haben und die HBCI-spezifische Geheimnummer kennen.

Der Homebanking Computer Interface Standard gilt als momentan sicherstes Verfahren im Internet. Eigentlich sollte HBCI schon im Oktober 1998 flächendeckend eingeführt werden. Doch nach wie vor bieten nur wenige Banken diesen Standard; höchstens 20 Prozent sind es nach Angaben der Arbeitsgemeinschaft der Verbraucherverbände. Die Gründe für die zögerliche Einführung von HBCI sind vor allem finanzieller Art.

Fragen Sie nach, welche Online-Kreditinstitute schon das Höchstmaß an Sicherheit garantieren. Nur bei diesen sollten Sie Kunde werden – oder mit dem Kontenwechsel abwarten, bis HBCI installiert ist.

Risiken beim Online-Banking: Beispiel Barclays

Die britische Barclays Bank musste am 31. Juli 2000 ihren Internetdienst mehrere Stunden lang schließen, weil Kunden fremde Kontoauszüge elektronisch zugesandt bekommen hatten. Betroffen waren nach Angaben von Barclays vier von 85 000 Nutzern, die sich eingewählt hatten. Allerdings seien Transaktionen wie das Abheben von fremden Konten nicht möglich gewesen. Ursache für die Panne sei die Installation neuer Software gewesen. Am Abend nahm die Barclays Bank den Internetbetrieb mit der alten Software wieder auf.

Direktbanken

Direktbanken sind Banken ohne Geschäftsstellen, die lediglich per Brief, über Telefon, Fax oder online zu erreichen sind. Alle 14 Direktbanken in Deutschland verzeichnen starke Kundenzuwächse, teilweise verdoppeln sich die Zahlen in nur einem Halbjahr. Einigen der Direktbanken, beispielsweise den Tochtergesellschaften der Großbanken, darf unterstellt werden, dass sie nur eine weitere Vertriebsform darstellen. Gemeinsam ist allen, dass sie ausschließlich das Privatkundengeschäft betreiben. Durch ihre zentralisierte und hoch technisierte Struktur haben sie geringere Personal- und Verwaltungskosten als die Filialbanken, die sie den Kunden in Form von günstigeren Konditionen weiterreichen.

Zwischen den einzelnen Direktbanken gibt es große Unterschiede. Viele sind als Vollbanken deklariert, bieten also alle üblichen Bankdienstleistungen an. Bei anderen wiederum können die Kunden nur ein begrenztes Leistungsspektrum erwarten. Sie sind in der folgenden Tabelle als Produktbanken bezeichnet. Oft können diese aber besondere Stärken in bestimmten Geschäften aufweisen. Die beiden Autobanken BMW-Bank und Volkswagen Bank direct bieten beispielsweise meist interessante Zinsen im Einlagengeschäft – oft höher als der gesamte Markt.

Direktbanken bieten unterschiedliche Finanzdienstleistungen an. Als Ausgangspunkt aller Banking-Aktivitäten dürfte das Girokonto zu bezeichnen sein. Hier finden sich preislich interessante Angebote mit Guthabenzinsen und kostenloser oder günstigerer Kontoführung, aber auch das Gegenteil: die gleichen Konditionen wie bei den Filialbanken der Muttergesellschaft. Typisch für Direktbanken ist das Einlagengeschäft, vereinzelt werden Kredite angeboten. Die filiallosen Banken bieten auch Hintergrundinformationen für Anlageentscheidungen, aber naturgemäß keine persönliche Beratung. Die telefonische Beratung wird bei den einzelnen Direktbanken sehr unterschiedlich gehandhabt. Grundsätzlich ist Direkt-Banking nicht gleichzusetzen mit dem Verzicht auf Beratung. Wer weiß, was er will und sich auskennt, für den kann eine Direktbank die richtige Wahl sein.

Möglich ist bei einigen Direktbanken auch das Wertpapiergeschäft. Doch muss die Anlagesumme eine gewisse Höhe erreichen, sonst sind beispielsweise die Depotkosten zu hoch. Interessanterweise gibt es oftmals günstigere Konditionen bei hauseigenen Investmentfonds oder Wertpapieren. Trotz eines eventuellen Schwerpunktes im Brokerage sind Direktbanken klar abzugrenzen von Discount-Brokern, die ausschließlich Wertpapiergeschäfte abwickeln (siehe unten).

Direktbanken haben, wenn sie nicht die Tochtergesellschaft einer Sparkasse oder Großbank sind, kein eigenes Geldautomatennetz. Das ist für die Kunden ein schwer wiegendes Manko und kann ein Argument dafür sein, sie nicht für Hauptbankverbindungen zu nutzen. Allerdings gibt es auch Direktbanken, die diesen Nachteil durch andere akzeptable Möglichkeiten auffangen.

Die Direktbanken auf dem deutschen Markt

Direktbank	Muttergesellschaft	Vollbank oder Produktbank	weitere Informationen
1822direct	Frankfurter Sparkasse	Produktbank	
Advance Bank	Dresdner Bank	Vollbank	
Allgemeine Deutsche Direktbank		Vollbank	1965 gegründet
American Express Bank		Produktbank	
Augsburger Aktienbank		Vollbank	
Bank GiroTel		Vollbank	keine Hypotheken
Bank 24	Deutsche Bank	Vollbank	
BMW-Bank		Produktbank	oft beste Konditionen beim Tagesgeld
comdirect bank	Commerzbank	Produktbank	
Direkt Anlage Bank	HypoVereinsbank	Produktbank	
Entrium		Produktbank	vormals: Quelle Bank, nach eigenen Angaben Deutschlands größte Direktbank
Netbank	Sparda-Banken	Produktbank	seit 1999 online
Santander Direkt Bank		Produktbank	
Volkswagen Bank direct		Produktbank	

Über Telefon-, Online- und Direct-Banking sind folgende Anlageprodukte zu erhalten:

- Sparpläne
- teilweise Investmentfonds
- teilweise Zertifikate

Discount-Broker

Keine Beratung, aber Hintergrundinformationen und schnellste Abwicklung der Kauf- und Verkaufsaufträge bieten Online-Discount-Broker. Sie sind interessant für diejenigen, die genau wissen, welche Börsenpapiere sie kaufen wollen und die lediglich für die Abwicklung des Geschäfts einen Broker benötigen. Direct-Brokerage kann als Trend bezeichnet werden.

Dabei ist Deutschland nach einer Studie von JP Morgan – weltweit größter Finanzanalyst – mit großem Abstand das stärkste Land im Internet-Aktienhandel in Europa. In keinem anderen europäischen Land kaufen und verkaufen so viele Kleinaktionäre und Anleger ihre Aktien und Fondsanteile über das Internet. Im ersten Halbjahr 2000 verdoppelte sich die Zahl der Deutschen, die über das Internet handeln, nochmals. Ende 1999 gingen 677 000 Anleger online, im ersten Quartal 2000 kamen 385 000, im zweiten Quartal 322 000 Investoren hinzu. Nach JP Morgan hat Deutschland damit Ende 2000 1,8 Millionen Privatanleger, die über das Internet Aktien und Fondsanteile kaufen, und die rasante Entwicklung werde anhalten. Denn im Jahr 2000 wurden mehr als 1,2 Millionen neuer Kleinaktionäre an den Markt gelockt – weitgehend aufgrund interessanter Börsengänge und der um die Jahreswende spektakulären Entwicklung des Neuen Marktes. Von ihnen wählten bislang nur 0,8 Millionen den Handel über das Internet. Es sei aber absehbar, dass ein Großteil der neuen Kunden auf Dauer das Internet einsetzen werde. JP Morgan schätzt, dass die Online-Kleinaktionäre in Deutschland bis Ende des Jahres 2003 eine Zahl von 5,2 Millionen erreichen werden.

Der Grund: In Deutschland entwickelt sich nun spürbar eine Aktienkultur. Allein im ersten Halbjahr 2000 war die Zahl der Investoren, die Fondsanteile kaufen, um 70 Prozent von 4,7 auf fast 8 Millionen geklettert. Zusammen mit den Kleinaktionären sei die Zahl der Personen, die Wertpapiere in Deutschland kaufen, bis Ende Juni 2000 von 8,2 auf 11,3 Millionen gestiegen. Damit legen jetzt 18 Prozent der erwachsenen Bevölkerung Geld entweder direkt oder über Fonds in Aktien an.

Trotz dieser Entwicklung ist Europa noch weit entfernt von dem Interesse, das amerikanische Privatanleger an Aktien haben. In Deutschland werden nach Ansicht des Deutschen Aktieninstitutes und JP Morgans zum Jahresende rund 9 Prozent der Bevölkerung direkt Aktien halten, in Europa 12 Prozent. In Amerika sind es dagegen 36 Prozent der Bevölkerung. Die Analysten erwarten, dass die Zahl der deutschen Aktionäre bis 2003 auf 15 Prozent der Bevölkerung steigen und ein Großteil dieser Kunden über das Internet handeln wird.

Von dem Interesse der deutschen Privatkunden profitieren nach JP Morgan die deutschen Internet-Broker. Die fünf Großen der Branche Comdirect, Consors, DAB, Brokerage 24 und Entrium bedienen zusammen 96 Prozent des Marktes.

Marktanteile der führenden Discount-Broker in Deutschland

	Anzahl der Kunden	Marktanteil
comdirect	über 500000	34%
ConSors	403000	27%
DAB – Direkt Anlage Bank	296000	20%
Brokerage 24	178000	12%
Entrium	104000	7%

Stand: August 2000; Quelle: JP Morgan

Nach Meinung von JP Morgan ist die Marktposition der etablierten deutschen Gesellschaften so stark, dass Newcomer keine namhaften Marktanteile mehr hinzugewinnen können. Dennoch drängen immer mehr Broker an den Markt: Pulsiv des Düsseldorfer Bankhauses HSBC Trinkaus & Burkhardt, eQ Online aus Finnland, die Advance Bank der Dresdner Bank und SEB, die mit der BfG zusammenarbeitet. Seit Herbst verkaufen auch die Postbank über den Broker Easytrade sowie die Berliner Systracom Wertpapiere über Internet und Telefon. Zudem planen die deutschen Sparkassen, bis Jahresende 2000 einen zentralen Online-Broker aufzubauen. Er soll voraussichtlich bei der von den Sparkassen und Landesbanken getragenen Deka-DGZ-Gruppe angesiedelt werden. Parallel zu Brokerage 24 will die Deutsche Bank unter dem neuen Markennamen Maxblue einen paneuropäischen Internet-Dienst auf den Markt bringen. Und Brokerage 24 bietet seit August 2000 den außerbörslichen Handel mit Wertpapieren an: an Werktagen bis 23 Uhr und samstags zwischen 10 und 16 Uhr. Der Wettbewerb um die Kunden wird immer schärfer.

Diese Tendenz ist für den Anleger durchaus von Vorteil. Denn so sinken die Transaktionspreise und Depotkosten. Außerdem wird dem Investor immer mehr an Informationen rund um sein Wertpapiergeschäft angeboten. Heute schon kann man sich auch als Nicht-Kunde bei den Brokern per Mausklick aktuell informieren und danach die Anlageentscheidung treffen. Damit erhalten Privatleute umfangreiche Kenntnisse, die den Wissensvorsprung der Anlage-Profis immer weiter verringern. Die richtigen Informationen zu bekommen, war noch nie leichter als heute.

Beim Online-Broker ConSors mit Sitz in Nürnberg zum Beispiel, der über Internet, T-Online und Telefon zu erreichen ist, können die Kunden wie die Profis auf dem Parkett agieren. Die Orders sind in Sekundenschnelle (Realtime) an der Börse. ConSors gibt an, dass korrekte Aufträge höchstens 60 Sekunden benötigen. Es ist sogar Intraday-Handel möglich, das heißt, das gleiche Papier kann an einem Tag ge- und verkauft werden. ConSors bietet ein breites Produktspektrum: Aktien, Optionsscheine, Renten und Investmentfonds.

Und dabei ist der Handel nicht auf Deutschland beschränkt, sondern man kann online an vielen Börsenplätzen der Welt »traden«, etwa beim Online-Broking mit ConSors den Status seines Auftrags an der Wall Street live am Bildschirm verfolgen. Zudem werden die Kunden mit relevanten Nachrichten und aktuellen Kursinformationen versorgt. Der Preis für diesen Service beträgt 19,50 Mark für eine 5 000-Mark-Order.

Meist liegt der Gebührennachlass im Online-Wertpapierhandel bei Aktien, Renten, Options- und Genussscheinen 50 Prozent unter den Filialkonditionen pro Transaktion, bei Investmentfonds reduzieren sich die Gebühren um ein Viertel bis zur Hälfte. Üblicherweise beträgt allein die Mindestgebühr für Kleinstaufträge bei Filialbanken 50 Mark. Es lohnt sich also, die Offline- und Online-Preise in der Branche für Kauf- und Depotgebühren zu vergleichen.

Rüge für Online-Banken und Direct-Broker

Schon im Mai 1999 legte die Internet-Studie des Hamburger Instituts für Finanzdienstleistungen ein Problem offen, das auch im Jahr 2000 noch nicht gelöst zu sein scheint: Offenbar plagen einen Teil der deutschen Online-Banken erhebliche Kapazitätsprobleme. Kunden klagen, dass Kontoeröffnungen manchmal bis zu acht Wochen gedauert haben und sie bei den Telefon-Hotlines der Direktbanken in Warteschleifen hängen bleiben oder nach einigen Minuten aus der Leitung geworfen werden.

Aus diesem Grund wies das Bundesaufsichtsamt für den Wertpapierhandel Ende Februar 2000 eine Reihe von Direktbanken und Discount-Brokern auf ihre vertraglichen Verpflichtungen hin. Doch weiterhin stapeln sich die Klagen und Beschwerden der Anleger über verstopfte Telefonleitungen und überlastete Internetzugänge. Das Bundesaufsichtsamt plant nun Sonderprüfungen. Theoretisch kann es einzelnen Institutionen bei Verstößen gegen das Wertpapierhandelsgesetz die Lizenz entziehen.

Privaten Geldanlegern hilft die Aufsicht kaum. Wer Schwierigkeiten hat, seinen Discount-Broker zu erreichen und dadurch unter Umständen bei Käufen oder Verkäufen von Wertpapieren Verluste macht, steht alleine da. Denn enttäuschte Anleger, die sich auf einen Rechtsstreit mit einem Anbieter einlassen, betreten in Deutschland juristisches Neuland. Allein die Tatsache, dass über Telefon oder Internet kein Durchkommen möglich war, begründet noch keinen Anspruch auf Schadenersatz. Selbst wenn der Kunde nachweisen kann, dass er durch blockierte Leitungen oder Systemabstürze echte Kursverluste bei seinen Wertpapiergeschäften erlitten hat, muss die Bank nicht dafür geradestehen.

Die Beweislast liegt beim Kunden. Er ist auf die Kulanz der Institute angewiesen, wenn es um Schadenersatz für nicht oder nicht korrekt ausgeführte Aufträge geht. Einfach wird das in keinem Fall. Erst wenn die Order eines Kunden nachweislich den Discount-Broker erreicht hat und dort falsch oder zu spät abgewickelt wurde, haben Anleger Chancen, sich vor Gericht durchzusetzen oder die prozessscheuen Institute zu kulantem Verhalten zu bewegen.

Interessantes Urteil zur Haftung bei Kursverlusten

Das Landgericht Nürnberg-Fürth entschied in einem im März 2000 veröffentlichten Urteil (Az: 14 0 9971/98), dass Online-Broker für Kursverluste haften, wenn Aufträge zum Ankauf von Aktien verspätet ausgeführt werden.

In diesem Fall hatte der Kläger morgens um 8.18 Uhr per Einwahl in das Computersystem der Bank den Auftrag zum Kauf von 500 Aktien gegeben. Für seine Order bekam er um 8.19 Uhr eine Bestätigung. Die Order wurde allerdings erst um 8.47 Uhr ausgeführt. Zu diesem Zeitpunkt war der Kurs der Aktie seit 8.30 Uhr, dem Beginn des Börsenhandels, aber um 34 Mark gestiegen. Zu diesem höheren Kurs wurde der Auftrag des Klägers ausgeführt. Ein Softwarefehler hatte die rechtzeitige Übermittlung der Kauforder an den Börsenplatz und damit den rechtzeitigen Kauf zum günstigeren Kurs verhindert.

Das Landgericht sprach dem Kläger die Differenz zum ausgewiesenen ersten Tageskurs als Schadenersatz zu – immerhin rund 12 000 Mark. Der Broker hat nach Auffassung des Gerichts den Computerfehler als Ursache der verspäteten Abwicklung zu vertreten.

Bei Discount-Brokern sind folgende Anlageprodukte erhältlich:

- Investmentfonds
- Aktienfonds
- Altersvorsorge-Fonds
- Dachfonds

- Indexfonds
- Offene Immobilienfonds
- Zertifikate
- Pfandbriefe

☞ **Tipps für Online-Kunden**

- Bei telefonischen Aufträgen Zeugen hinzuziehen.
- Bei Fax-Aufträgen die Protokolle aufheben, aus denen die fehlerfreie Übermittlung hervorgeht. Dabei reicht die einfache Protokollierung nicht aus, denn theoretisch könnte auch eine Blankoseite gefaxt worden sein. Aus dem Protokoll sollte der Inhalt Ihres Auftrags ersichtlich sein.
- Schriftliche Bestätigungen der Aufträge immer aufheben.
- Wenn Sie die Nichterreichbarkeit des Discount-Brokers nachweisen wollen, müssen Sie beweisen, dass Sie alle von Direktbanken und Discount-Brokern zur Verfügung gestellten Ordermöglichkeiten ausgeschöpft haben, also in der Regel Telefon, Fax und Internet. Dann brauchen Sie Zeugen für dauernde Besetztzeichen oder nicht enden wollende Warteschleifen bei Telefon und Fax sowie eine Kopie der entsprechenden PC-Meldungen über die Nichterreichbarkeit der Systeme.
- Im Schadensfall versuchen Sie, sich gütlich mit dem Anbieter zu einigen.

Die individuell richtige Bank

Auch in Zukunft bleibt es wichtig, auf eine Hausbank zurückgreifen zu können, bei der man sein Gehaltskonto unterhält. Dafür sollte man eine Universalbank mit Geschäftsstelle auswählen. Man kann sich persönlich betreut fühlen – vielleicht nicht optimal, aber annehmbar – und ist nicht Teil einer anonymen Kundenmasse. Einige Fragen und komplexe Probleme lassen sich nun mal besser unter vier Augen besprechen, beantworten und lösen. Dann ist es wichtig, dass der Bankkunde persönlich bekannt ist.

Die Hauptbankverbindung sollte unter den Aspekten Erreichbarkeit und Einkommen ausgewählt werden. Im städtischen Bereich gibt es mehr Möglichkeiten als auf dem Lande, die Hausbank muss in jedem Falle gut erreichbar sein. Bei den Großbanken wird außerdem in Kunden erster und zweiter Klasse unterschieden. Ab etwa 200 000 Mark jährlich verfügbarem Einkommen – hier sind die üblichen Lebenskosten schon abgezogen – wird man als erstklassiger Kunde mit gehobenem Anspruch behandelt. Normalverdiener tendieren eher zu Sparkassen und Genossenschaftsbanken, die haben auch die geringeren Gebühren. Eine kleine Sparkassenfiliale in einer kleinen Gemeinde kann natürlich nicht über die Fachleute für komplizierte Wertpapiergeschäfte verfügen. Dafür empfiehlt sich eine entsprechende Zweitbank-Verbindung.

Man kann sein Gehaltskonto auch bei einer Direktbank führen lassen. Wer nicht unbedingt seine Bankgeschäfte von Mensch zu Mensch erledigen muss, gerne und häufig (vielleicht beruflich bedingt) mit Telefon und Computer umgeht, die zeitliche Unabhängigkeit schätzt, für den kann eine filiallose Bank die richtige Wahl sein. Teuer und umständlich ist hier in den meisten Fällen der Umgang mit Bargeld. Aber bei den Zugriffsmöglichkeiten von Geldautomaten bewegt sich in der Branche aktuell einiges. Hier sollte man sich genauestens informieren.

Grundsätzlich sollten sich Kunden von Filialbanken nicht ungewollt zu Telefon- oder Online-Banking drängen lassen. Für die Banken handelt es sich vor allem um Rationalisierungsinstrumente, bei deren Einsatz Tätigkeiten auf den Kunden verlagert werden. Auch die Argumentation des Zeit- und Geldgewinns ist – wie oben bereits beschrieben – nicht unbedingt zutreffend. Darum müssen Zeitaufwand und Telefonkosten im Verhältnis zum Nutzen stehen. Vergessen wird oft, dass auch das Telefonieren, die Wahlwiederholung, die Warteschleife, das Hochfahren des Computers, das Einloggen und Abwarten Geld und Zeit kosten.

Dazu eine interessante Information: Die Zeitschrift *Finanztest* errechnete, dass je nach Intensität des Home-Bankings – egal ob per

Telefon oder per Computer – 200 bis 300 Mark jährlich an zusätzlichen Kosten veranschlagt werden müssen. Deswegen sollte es schon eine Art der Belohnung, nämlich günstigere Konditionen durch Rabatte und Preisermäßigungen geben. Immerhin muten die Banken den Kunden ja auch mehr zu.

Die neuen Banking-Varianten fördern zudem die Inflation der Geheimzahlen und -codes. Zur PIN der EC-Karte und der Kreditkarte kommt nun das Kennwort für das Telefon-Banking, die Selbstbedienungsstation oder das Computer-Banking. Sind Sie unsicher, ob das neue Banking die richtige Form für Ihre Bankgeschäfte ist, dann testen Sie dies erst einmal. Viele Geldinstitute bieten Telefon- und PC-Banking auf Probe an.

Checkliste: Die optimale Bank

- Ist Ihre Bank für Sie schnell erreichbar?
- Gehört Ihre Bank in punkto Gebühren zu den günstigen Kreditinstituten?
- Welche Dispositions- und Zahlmöglichkeiten werden Ihnen eingeräumt?
- Wie ist das Verhalten der Bankmitarbeiter?
- Empfinden Sie das Personal als kompetent?
- Verfügt Ihre Bank oder deren Verbund über ein eng geknüpftes Netz von Geldautomaten?
- Können Sie jederzeit Kontoauszüge bekommen? Sind alle entscheidenden Informationen gelistet?
- Ist Diskretion in der Geschäftsstelle gewährleistet?
- Findet Beratung bei Guthaben statt? Kommt die Bank dabei unaufgefordert auf Sie zu?
- Bekommen Sie schnell Termine? Hat man Zeit für Ihre Fragen?
- Wird Ihre Bank den Auflagen zum Bankgeheimnis gerecht?
- Fühlen Sie sich gut informiert über Veränderungen und Bilanzzahlen Ihrer Bank?

Investmentgesellschaften

Was man umgangssprachlich als Investment- oder Fondsgesellschaften bezeichnet, heißt nach dem Gesetz Kapitalanlagegesellschaften. Das sind gewerbsmäßige Anlagegesellschaften, die nur in der Rechtsform der Aktiengesellschaft (AG) oder der Gesellschaft mit beschränkter Haftung (GmbH) firmieren dürfen. Neben der Rechtsformvorschrift ist für den Anlegerschutz der Mindestnachweis von fünf Millionen Mark bedeutsam, außerdem die grundsätzliche Rücknahmeverpflichtung für ausgegebene Anteilsscheine.

Fondsgesellschaften investieren von Fondsanlegern eingezahlte Gelder im eigenen Namen auf gemeinschaftliche Rechnung der Anleger. Sie treffen die Entscheidungen über die Auswahl und den Kaufzeitpunkt der Vermögensobjekte, wie Wertpapiere oder Immobilien und überwachen die Kursentwicklung der Fonds. Dies ist die Arbeit der Fondsmanager, denen jeweils mehrere Fonds einer Gesellschaft zugeteilt sind. Bei sämtlichen Kauf- und Verkaufsentscheidungen müssen sie die gesetzlichen Vorschriften sowie die in den Vertragsbedingungen festgeschriebenen Anlagegrundsätze beachten.

Die Anleger sind am Gesamtbestand der Wertpapiere beteiligt und partizipieren an dessen Wertentwicklung ebenso wie an Zinserträgen und Dividenden. Einmal im Jahr berichtet die Gesellschaft ausführlich in einem Rechenschaftsbericht über das abgelaufene Geschäftsjahr. Darin und in den Verkaufsprospekten ist die Anlagepolitik der Manager skizziert. Die Investmentgesellschaft stellt jedem Fonds für ihre Tätigkeiten Verwaltungsgebühren in Rechnung. Die volkswirtschaftliche Bedeutung der Investmentgesellschaften liegt darin, privaten Kleinanlegern, die nicht über Spezialwissen hinsichtlich des Anlagegeschäfts verfügen, den Zugang zum organisierten Kapitalmarkt zu eröffnen.

Für Investmentfonds existieren im In- und Ausland spezielle gesetzliche Vorschriften, die in erster Linie den Anlegerschutz sicherstellen. In den USA wurde bereits 1940 der Investment Company Act erlassen, der Investmentgesellschaften unter anderem umfassende Publizitätsvorschriften auferlegt und die Bewertung des Fondsvermögens regelt. Die Aufsichtsbehörde für US-Investmentgesellschaften ist die

Securities and Exchange Commission, die SEC, die prinzipiell alle Wertpapieremissionen und den Wertpapierhandel überwacht.

Im Jahre 1957 schuf der deutsche Gesetzgeber das Gesetz über Kapitalanlagegesellschaften, kurz KAGG, mit restriktiven Regeln für das Investmentwesen. Hier finden sich Bestimmungen über die Organisation deutscher Investmentgesell-schaften, Vorschriften für die Zusammensetzung der Portfolios und steuerliche Regelungen. Das Gesetz bezieht seit der letzten Änderung vom 5. Oktober 1994 inländische Kapitalanlagegesellschaften ein, die Wertpapier-, Beteiligungs-, Geldmarkt- und offene Immobilienfonds auflegen.

Kapitalanlagegesellschaften sind Spezial-Kreditinstitute, die genau wie andere Banken mit Sitz im Inland unter das Kreditwesengesetz fallen und vom Bundesaufsichtsamt für das Kreditwesen (BAK) in Berlin beaufsichtigt werden. Kontrolliert wird allerdings nur die Einhaltung der gesetzlichen Vorschriften, etwa der vorgeschriebenen Risikostreuung, und der im Verkaufsprospekt genannten Anlageziele.

Der beste Anlegerschutz ist aber die Regelung, dass das Geld der Fondsanleger strikt vom Vermögen der Investmentgesellschaft, beispielsweise dem Verwaltungsgebäude oder der Büroausstattung, getrennt werden muss. Gerät die Kapitalanlagegesellschaft in finanzielle Schwierigkeiten oder meldet sie gar Konkurs an, ist die Inanspruchnahme des Fondsvermögens zur Deckung der Verbindlichkeiten in jedem Falle ausgeschlossen. Das Vermögen der Investmentsparer bleibt also erhalten.

KAGG § 6: Sondervermögen – Definition

(1) Das bei der Kapitalanlagegesellschaft gegen Ausgabe von Anteilsscheinen eingelegte Geld und die damit angeschafften Vermögensgegenstände bilden ein Sondervermögen. Das Sondervermögen ist von dem eigenen Vermögen der Kapitalanlagegesellschaft getrennt zu halten.

Eine Kapitalgesellschaft darf gemäß KAGG ein von ihr aufgelegtes Sondervermögen zwar verwalten, aber nicht verwahren. Letztere Aufgabe muss sie an eine unabhängige Depotbank übertragen. Dadurch bleibt das Fondsvermögen strikt vom Vermögen der Fondsgesellschaft getrennt.

Zu den Aufgaben der Depotbank gehören die Ausgabe und Rücknahme von Anteilscheinen, die Prüfung der von der Investmentgesellschaft ermittelten börsentäglichen Ausgabe- und Rücknahmepreise, die Durchführung der Ausschüttung an die Anteilsinhaber, aber auch die Verwaltung des Fondsvermögens im Falle der Auflösung des Fonds. Die Depotbank erfüllt eine wichtige Kontrollfunktion, da sie Aufträge nur dann ausführen darf, wenn sie sowohl den gesetzlichen als auch den vertraglichen Anlagegrundsätzen entsprechen.

Die Depotbank erhält für ihre Verwahrungs- und Kontrolltätigkeit eine Vergütung, die einen Promillesatz des Fondsvermögens ausmacht. Die Höhe dieser Vergütung ist in den Besonderen Vertragsbedingungen des einzelnen Fonds angegeben. Sie wird dem Anleger nicht direkt belastet, sondern aus dem Fondsvermögen bezahlt und geht daher zu Lasten der Wertentwicklung des Fonds.

Die Investmentgesellschaften eines Landes sind zumeist in einem Dachverband organisiert. In Deutschland ist dies der BVI Bundesverband deutscher Investment-Gesellschaften e.V. mit Sitz in Frankfurt/Main, in den USA das Investment Company Institute (ICI). BVI und ICI unterstützen ihre Mitglieder unter anderem in rechtlichen Fragen, untersuchen die Auswirkungen neuer Steuergesetze und stellen Anlegern Informationen über die Organisation inländischer Investmentfonds zur Verfügung.

Bei Investmentgesellschaften sind folgende Anlageprodukte erhältlich:

- Altersvorsorge-Fonds
- Aktienfonds
- Dachfonds
- Indexfonds
- Offene Immobilienfonds
- Rentenfonds
- Index-Zertifikate
- Discount-Zertifikate

Lebensversicherungen

Versicherungen sind Unternehmen, die Risiken absichern. Ein Versicherer deckt gegen die Prämien der Versicherten deren Risiko und erbringt im Schadensfall die im Versicherungsvertrag vereinbarte Leistung maximal bis zu der vereinbarten Versicherungssumme.

Gemessen an den Prämieneinnahmen, sind Lebensversicherungen mit Abstand der bedeutendste Zweig der Individualversicherungen und durch den Sparprozess zudem ein wichtiges Kapitalsammelbekken. Lebensversicherer bieten oftmals weitere Personen- und Sachversicherungen an.

Analog der Bankenaufsicht gibt es eine Versicherungsaufsicht: das Bundesaufsichtsamt für das Versicherungswesen (BAV), dessen Aufgaben im Versicherungsaufsichtsgesetz vom 13. Oktober 1983 geregelt sind. Das BAV soll sicherstellen, dass die Versicherungsgesellschaften die abgeschlossenen Verträge auch auf Dauer erfüllen können. Es wacht auch über die in Deutschland tätigen Unternehmen aus der EG und führt beispielsweise eingehende Kontrollen der Vermögensanlage der Versicherungen und Überprüfungen des Rechnungsabschlusses durch. Für Versicherte ist das Bundesaufsichtsamt für das Versicherungswesen wichtig, weil es Beschwerden von Versicherten annimmt, prüft und Missstände aufdeckt. Jährlich bearbeitet das Amt zwischen 25 000 und 30 000 Anfragen und Beschwerden.

Bei Lebensversicherungsgesellschaften sind folgende Anlageprodukte erhältlich:

- Kapitallebensversicherungen
- Fondsgebundene Lebensversicherungen
- Direktversicherungen
- Private Rentenversicherungen

Bundesschuldenverwaltung

Die Bundesschuldenverwaltung ist eine selbstständige Oberbehörde im Geschäftsbereich des Bundesministeriums der Finanzen. Errichtet wurde sie am 1. Oktober 1949, ihren Sitz hat sie in Bad Homburg. Die

Behörde nimmt ihre gesetzlichen Aufgaben eigenverantwortlich wahr und berichtet jährlich dem Deutschen Bundestag und dem Bundesrat.

Hauptsächlich gewährleistet sie die Beurkundung der Kreditaufnahmen des Bundes und seiner Sondervermögen auf dem Kapitalmarkt. Zudem sorgt die Bundesschuldenverwaltung für die bankmäßige Verwaltung und die Abwicklung der Kredite. Neben der gebührenfreien Verwaltung auf so genannten Einzelschuldbuchkonten für die privaten Anleger bietet die Behörde eine Verkaufsstelle für Sammlermünzen.

Bei der Bundesschuldenverwaltung sind folgende Anlageprodukte erhältlich:

- Bundesschatzbriefe

7
Die Qualität der Beratung

Beratungsbedarf gibt es nahezu bei allen Geldanlagen. Viele fragen sich, wie das sauer Verdiente anzulegen ist, und nicht jeder kann das alleine. Die meisten sind von der Vielfalt, den Zahlen und Fakten überfordert, fühlen sich durch die speziellen Bankausdrücke ausgegrenzt. Darum gehen die Menschen mit ihren Fragen dahin, wo sie Experten vermuten und Hilfestellungen erhoffen. Die ersten Schritte führen meist zur Hausbank, denn die ist noch immer der wichtigste Finanzberater.

Mangelhafte Beratung durch Geldinstitute

Die Stiftung Warentest untersuchte im Frühjahr 2000 die Qualität der Beratung der Banken. Das Ergebnis ist irritierend, wenn nicht gar erschreckend: Von 25 Banken bekamen nur zwei (oder 8 Prozent) die Schulnote gut, vier Kreditinstitute bekamen ein Zufrieden stellend (16 Prozent), 14 Banken (oder 56 Prozent) waren ausreichend und fünf Banken (20 Prozent) gar mangelhaft. Damit fiel die Untersuchung etwas besser aus als 1997. Damals waren nur 1 Prozent der 196 Gespräche bei 28 Kreditinstituten sehr gut, 20 Prozent waren gut, 27 Prozent zufrieden stellend und 50 Prozent mangelhaft.

Als größte Mängel stellten die Tester 1997 fest: Berater fragten zu 94 Prozent weder nach Krediten oder sonstigen Schulden noch nach dem Einkommen (zu 85 Prozent). Außerdem erfragten 33 Prozent der Bankenmitarbeiter nicht die Risikobereitschaft des Anlegers und ebenfalls 33 Prozent nicht den gewünschten Anlagehorizont – für wie lange das Geld angelegt werden soll, für beispielsweise zwei oder 20 Jahre. Ohne Kenntnis dieser Eckpunkte ist jedoch keine individuelle Beratung möglich. Interessant auch, dass den Testpersonen zu 49 Prozent nicht die Gebühren für die empfohlenen Geldanlagen genannt wurden.

In der Untersuchung 2000 ermittelte *Finanztest* vier gravierende Fehler:

- Vielen Anlageberatern fällt es schwer, die Kundendaten sorgfältig zu erfassen und in einen konkreten Ratschlag umzusetzen. Sie fragten gar nicht oder nur sehr oberflächlich nach den Zielen der Geldanlage, der Risikobereitschaft des Kunden und der gewünschten Verfügbarkeit.
- Viele Berater stellen zwar allgemein die unterschiedlichen Möglichkeiten der Geldanlage vor; scheuen aber vor konkreten Empfehlungen zurück. Bei den Kundengesprächen berufen sie sich oft darauf, dass sie keine konkrete Empfehlung geben dürfen. Letztendlich müsse der Kunde selbst entscheiden.
- Kaum ein Kundenberater entwickelt den Ehrgeiz, für den Kunden ein individuelles Anlagemodell auszuarbeiten. Wenn er einen konkreten Vorschlag unterbreitet, rät er meist zu Produkten, mit denen man fast nichts falsch machen kann.
- Äußerst zurückhaltend gebärden sich die Berater, wenn sich Kunden Rat zu hausfremden Produkten holen wollen und etwa nach Fonds anderer Banken fragen. Das Verhalten vieler Berater grenzt an Arbeitsverweigerung.

Die Ergebnisse der Untersuchungen von *Finanztest* zeigen: Auf die Anlageberatung der Banken kann, besser darf sich der Bankkunde nicht verlassen. Banken rechnen nämlich genau. Und so haben sie ermittelt, dass sich eine Vermögensberatung erst ab einer Anlagesumme von 250 000 Mark rechnet. Dazu passt das Fazit von *Finanztest* aus der Beratungsuntersuchung von 1995: »Selbst bei 100 000 Mark können Anleger eine sorgfältige und fachgerechte Anlage ihres Vermögens nicht erwarten.«

Das bedeutet: Der Umfang des Vermögens entscheidet über die Qualität der Beratung. Wenn Sie kleinere Beträge anlegen wollen oder insgesamt über weniger als eine Viertelmillion Mark verfügen, werden Sie als Bankkunde mit Standardprodukten abgespeist. Den Rat Suchenden wird nicht die gesamte Palette der Möglichkeiten dargelegt, um dann im Gespräch das jeweils Passende auszuwählen. Die Mitarbeiter können noch so exakt Ihre finanzielle Situation, Ihre Lücke bei der Altersvorsorge feststellen, können sich Mühe geben, aber sie haben strikte Vorgaben, was verkauft werden muss, meist Produkte von bankeigenen oder kooperierenden Unternehmen. In den meisten Fällen läuft die Beratung auf genau diese Verkaufsvorgaben hinaus. Denn dann gibt es Provision. Der eigentliche Bedarf des Kunden steht nicht im Mittelpunkt.

Das grundsätzliche Problem ist, dass eine Beratung – bis auf wenige Ausnahmen – nicht entlohnt wird. Der Fehler im System liegt darin, dass nur über Produkte verdient wird. Rät Ihnen Ihre Hausbank etwa zu bankeigenen Fonds, dann verdient sie an den Gebühren. Wenn Ihr Geldinstitut mit einer Versicherungsgesellschaft mit wenig renditeträchtigen Kapitallebensversicherungen kooperiert, fällt beim Thema Altersvorsorge den Anlageberatern nichts anderes ein. Jede Bank versucht, über Tochtergesellschaften und Kooperationspartner die Kunden an sich zu binden. All dies bedeutet, dass eine unabhängige Beratung bei den Geldinstituten nicht zu erwarten ist. Eine gesunde kritische Haltung ist bei den Empfehlungen von Bankangestellten immer geboten.

Anlageberatung ist Vertrauenssache. Ihr Vertrauen rechtfertigen die Banken dann, wenn Sie schon genau wissen, welche Geldanlage für Sie in Frage kommt. Immerhin haben Sie es mit Bankkaufleuten zu tun, die mindestens eine 2-jährige Ausbildung und eventuell weitere Schulungen oder eine umfassende Zusatzausbildung absolviert haben. Bei konkreten Fragen werden Ihnen die Banker weiterhelfen. Sie nennen Ihnen die Konditionen und vermitteln den Abschluss. Parallel sollten Sie für eine Geldanlageform mehrere Angebote einholen, um sich dann für das günstigste Angebot zu entscheiden – oder es als Verhandlungsgrundlage bei Ihrer Hausbank zu nutzen.

Provision oder Honorar

»Finanzberater« klingt gut. Wollen Sie das auch werden? Kein Problem. Lassen Sie sich einfach eine Visitenkarte mit dieser Berufsbezeichnung drucken. Dann sind Sie es. Es mag verwundern, aber es ist Realität: Finanzberater, Finanzkaufmann, Finanzsachverständiger, Vermögensberater kann jeder werden. Diese Bezeichnungen sind gesetzlich nicht geschützt. Jeder darf sich so nennen, auch wenn er keine ordentliche Ausbildung zum Bank- oder Versicherungskaufmann oder gar diplomierten Betriebswirt vorweisen kann. Man braucht nur ein Gewerbe anzumelden.

All diese Berater sind in Wirklichkeit Verkäufer. Sie verdienen nur dann ihre Provision, wenn der Kunde einen Vertrag unterschreibt und Finanz- und Versicherungsprodukte kauft. Sie führen auch keine Beratung durch, sondern Verkaufsgespräche. Der Fehler im System der gesamten Geldbranche zeigt sich auch hier.

Wer von Provisionen lebt, kann nicht unabhängig beraten. Der Verkäufer verkauft am liebsten das, was ihm am meisten Geld in die Tasche bringt. Und die Anlageform der Gesellschaft, die am meisten zahlt, kann naturgemäß nicht die beste sein. Der eigentliche Bedarf des Kunden interessiert den Verkäufer dabei nicht. Er versucht, ihn in die gewünschte Richtung zu manipulieren. Es wird am Interesse des Kunden vorbei geredet und verkauft. Manche so genannte Finanzberater treiben ihre Opfer zum Totalverlust des mühsam ersparten Kapitals oder gar in den finanziellen Ruin. Besonders gefährlich kann der Abschluss bei nebenberuflichen Vertretern werden, häufig sind das Verwandte, Bekannte oder gar Freunde.

Es gibt keine kostenlose Beratung. Wer das behauptet, führt ein Verkaufs- und kein Beratungsgespräch mit Ihnen. Denn am Ende – und nur dafür arbeitet der Verkäufer – soll eine Unterschrift von Ihnen geleistet werden.

Damit ist es eigentlich ganz einfach, zwischen Verkäufern und Beratern zu unterscheiden. Bei einer tatsächlichen Beratung geht es um die Informationsweitergabe. Der wirkliche Berater ist ein reiner Informant.

Verkäufer statt Berater

Im Versicherungsbereich gibt es die *Einfirmenvertreter*, meist selbstständige Handelsvertreter, die ausschließlich die Produkte einer Gesellschaft vertreiben. Eine Gewerbeanmeldung genügt zur Berufsausübung. Ein Nachweis über Kenntnisse und Fähigkeiten muss nicht erbracht werden. Einfirmenvertreter verdienen am Verkauf, nicht an der Beratung. Ihren Kunden fehlen die Vergleichsangebote.

Mehrfachvermittler oder *-agenten* und selbstständige Handelsvertreter arbeiten für mehrere Banken, Versicherungen und/oder Investmentgesellschaften. Trotzdem offerieren sie nicht die ganze Palette der Möglichkeiten, sondern nur eine beschränkte Anzahl von Produkten. Auch sie verdienen durch die Provision und nicht an der Beratung. Um Mehrfachagent zu werden, bedarf es einzig einer Gewerbeanmeldung.

Im Auftrag der Kunden und nicht der Anbieter tätig: Dessen können Sie sich immerhin bei *Finanz-* und *Versicherungsmaklern* sicher sein. Um für ihre Kunden die günstigsten Produkte zu ermitteln, arbeiten sie mit einer unterschiedlich großen Anzahl (nachfragen!) von Versicherungen, Banken, Investmenthäusern oder Emissionshäusern für geschlossene Fonds zusammen. Leider mussten schon mehrere Gerichtsurteile feststellen, dass auch Versicherungsmakler weder neutral noch uneigennützig arbeiten. Nur im Idealfall dürfte der Makler auch ein Anwalt des Kunden sein. Denn auch er verdient nur, wenn er Finanzprodukte verkauft. Wie auch die bereits genannten Einfirmenvertreter oder Mehrfachvermittler erhält er eine Provision, oft Courtage genannt, von den Anbietern. Auch hier gilt: Eine einfache Gewerbeanmeldung genügt, um Makler zu werden.

Ein wichtiger Aspekt: Finanz- und Versicherungsmakler haben Aufklärungs- und Beratungspflichten. Und sie haften selbst für Beratungsfehler. Daher sollten Makler eine Vermögensschaden-Haftpflichtversicherung abgeschlossen haben, die bei nachgewiesenen Fehlern Schadenersatz leistet.

Um einen Makler zu beauftragen, muss man einen Vertrag mit ihm schließen. Das dürfte in den allermeisten Fällen unproblematisch sein, kann man diesen doch jederzeit ohne Angabe von Gründen kündigen. Trotzdem empfiehlt es sich, den Vertrag genau zu studieren.

Haftung bei Falschberatung

Wer falsch berät, haftet für die daraus resultierenden Schäden. Bei Einfirmenvertretern und Mehrfachvermittlern haftet der Anbieter, in dessen Auftrag Verträge vermittelt werden, für Schäden. Der Kunde muss sich dann mit den gewieften Anwälten von Banken oder Versicherungen auseinander setzen, denn Schadenersatzansprüche gehen direkt an das betreffende Unternehmen. Ein weiteres Problem: Viele dubiose Finanzdienstleister lösen sich selbst auf, wenn ein Haftungsfall eintritt. Dieses Problem haben Sie bei den Beratern von Banken und Sparkassen nicht. Prinzipiell haften die Kreditinstitute für das Verschulden ihrer angestellten AnIageberater.

Die drei Haftungsstufen

Der Umfang der Beratungspflichten hängt von der Tätigkeit des Anlageverkäufers ab. Anlagevermittlung, qualifizierte Vermittlung oder Anlageberatung.
Von einem Anlageverkäufer kann man nur erwarten, dass er vollständige und richtige Angaben zum Geldanlageprodukt macht und die wesentlichen Tatsachen vermittelt. Über diese Pflichten geht die qualifizierte Vermittlung hinaus, bei der der Verkäufer damit wirbt, besonders sachkundig zu sein. Dann muss man davon ausgehen, dass er das angepriesene Anlageprodukt eingehend geprüft hat.
Wenn ein Beratungsvertrag abgeschlossen wurde oder der Anlageverkäufer auf umfangreiche Fragen des Geldanlegers eingeht, ist von Anlageberatung auszugehen. Dann obliegt dem Anlageberater neben der reinen Information die Pflicht, eine fachkundige Beratung mit Bewertung der Produkte vorzunehmen. Er muss dabei die persönliche Situation, die Anlageziele und die Risikobereitschaft des Kunden berücksichtigen.
Die Beratungspflicht steigt übrigens mit der Komplexität der Geldanlage. Bei hoch spekulativen Warentermingeschäften ist der Anlageberater beispielsweise verpflichtet, die wirtschaftlichen Zusammenhänge zu erläutern und auf das hohe Verlustrisiko hinzuweisen, das auch über den Einlagebetrag hinausreichen kann. Hier muss zudem eine allgemeine schriftliche Risikoerklärung vorgelegt werden.

Finanz- und Versicherungsmakler haften dagegen selbst. Deshalb sollte man sich vor der Beauftragung davon überzeugen, ob der Makler eine Vermögensschaden-Haftpflichtversicherung abgeschlossen hat, und sich die Deckungshöhe nennen lassen. Eine solche Versicherung leistet allerdings nicht immer Ersatz. Vorsätzlich begangene Falschberatungen sind vom Versicherungsschutz ausgeschlossen.

Bei Wertpapiergeschäften unterliegen Berater besonderen Sorgfaltspflichten. Für einen allgemeinen Negativtrend an der Börse oder einen Kursrutsch des Dollar kann man grundsätzlich niemanden haftbar machen. Doch das Wertpapierhandelsgesetz verpflichtet seit 1995, Kunden im Wertpapiergeschäft mit der erforderlichen Sachkenntnis, Sorgfalt und Gewissenhaftigkeit zu beraten. Dabei sind sie über Chancen und Risiken der jeweiligen Anlage aufzuklären, es ist zu prüfen, ob die Anlageform zu den individuellen Anlagezielen und zur persönlichen Risikoneigung passt. Die entscheidenden Stichworte hierbei sind: anlage- und anlegergerechte Beratung.

Bußgelder bis zu einer halben Million Mark sollen bei Verstößen verhängt werden. Den schlecht Beratenen hilft das wenig, denn Schadenersatz muss man in einem Zivilprozess erst einklagen. Allerdings wird sich das Gericht an den gesetzten Maßstäben orientieren.

1998 gab es allerdings einen Rückschritt beim Anlegerschutz. Dies betrifft die Beratung bei Wertpapieren, also für Aktien, Anleihen, Derivate. Nach dem dritten Finanzmarktförderungsgesetz verjähren Schadenersatzansprüche wegen schlechter Beratung bereits nach drei Jahren. Dies ist eine erhebliche Verschlechterung, wenn man bedenkt, dass Berater zuvor 30 (!) Jahre lang haftbar zu machen waren. Von der Neuregelung sind die Geschäfte betroffen, die nach dem Inkrafttreten des Gesetzes am 1. April 1998 abgeschlossen wurden. Für alle davor getätigten Abschlüsse gilt die 30-jährige Frist weiterhin.

Viele Beratungsfehler, beispielsweise bei einer lang laufenden Altersvorsorge, erkennt man erst viele Jahre nach dem Erwerb eines Wertpapieres. Stellt sich erst nach Ende der Laufzeit heraus, dass die Geldanlage die Versprechungen des Beraters nicht erfüllt, hat der Anleger das Nachsehen.

Mit dem dritten Finanzmarktförderungsgesetz reduzierte sich noch eine weitere Verjährungsfrist. Für unvollständige und falsche

Haftungsbeispiel:
Umfassende Aufklärung über Risiken

1997 verurteilte das Koblenzer Oberlandesgericht eine Sparkasse, einem Kunden 300000 Mark Schadensersatz zu zahlen. Diese Summe hatte ein Kunde in den Kauf von Anleihen des Flugzeugbauers Fokker investiert, der danach pleite ging. Das Gericht befand, dass das Kreditinstitut in diesem Fall nicht auf die besonderen Risikoverhältnisse hingewiesen hat, sondern nur auf das allgemeine Konkursrisiko. Damit habe das Geldinstitut seine Beratungspflichten verletzt. Die Richter betonten, dass die Banken ihre Kunden »sachlich richtig, klar und vollständig« beraten müssten.

Angaben in den Verkaufsprospekten für Wertpapiere müssen die Herausgeber künftig nur noch drei statt fünf Jahre lang gradestehen. Auch das ist bedauerlich, denn bislang hatten Verbraucher hier – weil am besten nachweisbar – die meisten Chancen, einen Schadenersatz geltend machen zu können. Enthält der Verkaufsprospekt der Anlage unrichtige oder auch nur unvollständige Angaben, kann man die Betreiber mit Prospekthaftung in Regress nehmen. Als Haftungsgrund reicht es sogar manchmal aus, dass der Prospekt die Chancen und Risiken nicht in einem der Realität entsprechenden Verhältnis darstellt.

Doch prinzipiell gilt: Nach deutschem Recht muss der Geschädigte belegen, dass er falsch beraten wurde. Aber die meisten Schadenersatzprozesse scheitern daran, dass es keine ausreichenden Beweise für die Falschberatung gibt. Deswegen sollten Sie als Vorbereitung eines Gesprächstermins immer zwei Empfehlungen berücksichtigen:

- Nehmen Sie immer einen Zeugen mit. Dabei sollten besser Freunde oder Bekannte an der Beratung teilhaben als Verwandte.
- Halten Sie den Beratungsinhalt in einem Gesprächsprotokoll fest. Es genügt, die wesentlichen Aussagen in Stichworten festzuhalten. Benutzen Sie dabei eindeutige, nicht interpretierbare Formulierungen. Am Gesprächsende unterschreiben idealerweise der Berater, der Zeuge und Sie selbst. Weigert sich der Berater, sollten Sie Bank oder Vermittler wechseln.

Will man den Berater im Gespräch nicht derartig mit Misstrauen konfrontieren, empfiehlt es sich, nach der Beratung möglichst sofort ein Gedächtnisprotokoll zu erstellen und den Inhalt vom Zeugen bestätigen zu lassen.

Checkliste: Protokoll einer Anlageberatung in Stichworten

____
Ort, Datum

____
Anwesende

____
Berater

____
Name, Anschrift des Kreditinstituts, der Vertriebsorganisation

Anlagezweck – z. B. Anlage vermögenswirksamer Leistungen, Finanzierung bestimmter Anschaffungen, Bildung finanzieller Rücklagen, Erwerb von Wohneigentum, Altersvorsorge __________

Höhe des Anlage- oder Sparbetrages __________

Geplante Anlagedauer oder geplanter Ansparzeitraum __________

Verfügbarkeit der Anlage oder des Ansparguthabens __________

Gewünschte Art der Verzinsung oder Ausschüttung __________

Sicherheit __________

Gewichtung der Anlageziele __________

Anlageempfehlung des Beraters __________

Produktbezeichnung, Konditionen __________

Begründung für die Empfehlung __________

Datum, Unterschrift des Beraters __________

Datum, Unterschrift des Kunden __________

Datum, Unterschrift des Zeugen __________

Quelle: Arbeitsgemeinschaft der Verbraucherverbände

Bei Falschberatung sollten Sie sich die Hilfe von Experten sichern. Wenden Sie sich dann an die Verbraucherzentrale Ihres Bundeslandes oder an spezialisierte Anwälte. Deren Adressen erfahren Sie über die jeweiligen Anwaltskammern.

Wurden Sie von Bankmitarbeitern falsch beraten, gibt es bei einigen Banken und Sparkassen so genannte Ombudsmann-Verfahren. Das betrifft allerdings meist nur kleinere Schadenersatzforderungen bis 10000 Mark.

Checkliste: Indizien für Falschberatung

- Hat sich der Berater über Ihre Anlageziele informiert, oder ließ er Ihre Anlagementalität unberücksichtigt?
- Bekamen Sie schriftliche Unterlagen? Werden darin alle Risiken genannt? Wurden Sie über Hintergründe aufgeklärt?
- Erweckte der Berater durch seine Aussagen den Eindruck, dass die Risiken einer Geldanlage wesentlich geringer seien als aus den schriftlichen Erklärungen hervorgeht?
- Machte der Vermittler irreführende oder gar falsche, beschönigende Angaben und Versprechungen?
- Wurden Sie zu Entscheidungen gedrängt?
- Liegen Ihnen alle Unterlagen – Gesprächsnotizen, Informationsbroschüren – noch vor?
- Bei anbieterunabhängigem Vermittler: Hat er Ihnen, wie zugesagt, tatsächlich die günstigste Versicherung/Geldanlage verkauft?

Muss eine Anlagegesellschaft, eine Bank oder ein Makler Schadenersatz leisten, dann wird Ihnen übrigens nicht nur das eingesetzte Kapital zurückgezahlt. Sie haben auch einen Anspruch auf die üblichen Zinsen. Eines werden Sie aber nicht erreichen: die Zahlung der beim Verkauf eventuell in Aussicht gestellten unrealistischen Erträge.

Strukturvertriebe

In deutschen Wohnzimmern werden die meisten Versicherungspolicen, Bauspar- und Immobilienverträge unterschrieben. Daran dürften Strukturvertriebe keinen geringen Anteil haben. Sie arbeiten meist fest für mehrere Finanzdienstleister und verkaufen Versicherungen und Geldanlagen, sind also Mehrfachvermittler. Strukturvertriebe funktionieren üblicherweise nach dem Schneeballsystem. Mit hohen Verdienstchancen (»Unser faulster Mitarbeiter verdient im Monat 6 500 Mark.«) werden vorwiegend junge Leute angelockt, denen ein lohnender Nebenverdienst als Finanzberater versprochen wird. In Crashkursen wird ihnen die Materie eingebläut. Auf dem Stundenplan stehen Verkaufstechnik-Trainingsprogramme und vorgefertigte Verkaufsgespräche, die die Vermittler wie Schauspieler auswendig lernen müssen – inklusive möglicher Zwischenfragen. Anschließend sollen sie in ihrem Bekannten- und Freundeskreis Versicherungen und Finanzdienstleistungen verkaufen und gleichzeitig selbst neue Leute suchen, die diesen Job machen wollen.

Strukturvertriebe haben eine strenge Hierarchie mit bis zu zehn Ebenen. Der Aufstieg ist besonders interessant, weil durch das in der unteren Ebene getätigte Geschäft auf allen Ebenen verdient wird. Und jede Führungskraft darf eine eigene Pyramide aufbauen.

Es herrscht eine extreme Fluktuation bei den Mitarbeitern solcher Strukturvertriebe. Für die meisten endet die eher traurige Karriere als Drücker oder Strukki, wenn Freunde und Bekannte abgegrast sind. Zudem ist diese Vertriebsart durch aggressive und teilweise unseriöse Verkaufsmethoden in Verruf geraten. Insgesamt 50 Strukturvertriebe soll es in Deutschland geben. Die größten sind AWD Allgemeiner Wirtschaftsdienst, OVB Allfinanzvermittlungs GmbH und der Branchenprimus, die Deutsche Vermögensberatung. Viele Anbieter von Finanzdienstleistungen lehnen die Zusammenarbeit mit ihnen ab. Aber selbst die ganz Großen der Branche sind sich für ein neues Geschäft über diesen fragwürdigen Vertriebsweg nicht zu schade. Manche dieser Vertriebe behaupten inzwischen, den Provisionsdruck ihrer Mitarbeiter durch eine Grundvergütung zu mindern. Auch müssten die einzelnen Vertreter nicht mehr unbedingt neue Mitarbeiter gewinnen.

Doch trotz dieser neuen Ansätze gilt für Mitarbeiter von Strukturvertrieben: Sie sind Verkäufer, die von der Provision vermittelter Finanzprodukte leben – dazu noch besonders schlecht ausgebildete. Sie sind weder unabhängig noch objektiv. Ihnen geht es nicht um die Beratung der Kunden. Deren Bedarf interessiert sie nicht, sondern nur das schnelle Geschäft mit möglichst hohen Provisionen. Deswegen bemühen sich »Strukkis« – und auch andere Verkäufer – besonders um den Abschluss von Kapitallebens- und Rentenversicherungen, privaten Krankenversicherungen, Bausparverträgen und Einmalanlagen in Investmentfonds. Denn dann klingelt die Kasse.

Selbstauskunft des Beraters

Wie nun die Spreu vom Weizen trennen? Sie können nicht wissen, wer da vor Ihnen steht. Ist es ein Mehrfachagent, der nur auf provisionsstarke Produkte aus ist, ein Finanzberater, der seine ersten Schritte tut, oder ein Einfirmenvertreter, der sich im Bereich seiner Möglichkeiten mit den Kunden große Mühe gibt? Fragen Sie ihn, und bitten Sie um eine Selbstauskunft! Ein seriöser Vermittler, Verkäufer oder Berater wird sie ihnen – einschließlich seiner Unterschrift darunter – nicht verweigern. Lehnt er eine Selbstauskunft allerdings ab, sollten Sie Ihre Schlüsse daraus ziehen und das Gespräch beenden.

Auf diese Weise erfahren Sie auch, ob der Berater neben- oder hauptberuflich unterwegs ist, welche Ausbildung er genossen und ob er eine Vermögensschadens-Haftpflichtversicherung abgeschlossen hat. Im Fall der Falschberatung wissen Sie, an wen Sie sich wegen Schadenersatz zu wenden haben. Im Fall der arglistigen Täuschung baut sich der Berater selbst seine Grube.

Selbstauskunft des Beraters

____
Name, Anschrift

____
Telefon, Telefax, E-Mail

____
Name, Anschrift des Unternehmens, für das Sie tätig sind

____
Telefon, Telefax, E-Mail

Ich bin
- ☐ angestellter Mitarbeiter
- ☐ selbstständiger Handelsvertreter

der folgenden Bank, Sparkasse, Versicherungsgesellschaft, Bausparkasse, Kapitalanlagegesellschaft:

____

eines Vermittlungsunternehmens, und zwar eines
- ☐ Mehrfach-Vermittlers
- ☐ Finanzmaklers, Versicherungsmaklers
- ☐ Strukturvertriebs
- ☐ Vermittlers auf Honorarbasis

Name des Unternehmens: ____________________

Das Vermittlungsunternehmen ist
- ☐ ein Tochterunternehmen einer Bank, Versicherungsgesellschaft, Bausparkasse oder rechtlich, wirtschaftlich oder finanziell mit diesem verbunden
  Name: ____________________
- ☐ nicht mit einem Unternehmen, das Finanzprodukte anbietet, verbunden

Ich bin
- ☐ hauptberuflich tätig
- ☐ nebenberuflich tätig
  und zwar seit ____________________

Ich habe in dem Bereich, zu dem ich Sie berate,

- ☐ allgemeine Kenntnisse
- ☐ gute Kenntnisse
- ☐ besondere Kenntnisse

die ich mir wie folgt erworben habe

- ☐ in einer Ausbildung in einem Finanzberuf mit Abschluss, und zwar als
  - ☐ Bankkaufmann
  - ☐ Versicherungskaufmann
- ☐ abgeschlossenes Studium als ____________________
- ☐ in Schulungen, Kursen, Seminaren der Finanzbranche, und zwar ____________________
- ☐ in sonstigen Schulungen, Kursen, Seminaren, und zwar ____________________
- ☐ im Selbststudium angeeignet

Ich habe

- ☐ keine Vermögensschaden-Haftpflichtversicherung
- ☐ eine Vermögensschaden-Haftpflichtversicherung, die bei einer Falschberatung Ansprüche bis zur Höhe von ________ Mark je Schadensfall erstattet.

Bei den Produkten, die ich Ihnen empfehle und deren Vermittlung ich Ihnen anbiete,

- ☐ bin ich an bestimmte Produktpartner gebunden, mit denen ich/wir Vertriebs- und Provisionsvereinbarungen haben.
- ☐ kann ich aus allen Angeboten des Versicherungs- und Finanzmarktes frei die Produkte von Anbietern empfehlen, die Provisionen zahlen.
- ☐ bin ich nicht an bestimmte Produktpartner gebunden und kann aus allen Produkten des Versicherungs- und Finanzmarktes frei die besten Produkte auswählen, auch wenn die Anbieter keine Provision zahlen.

____

Ort, Datum, Unterschrift des Beraters

Quelle: Verbraucherschutz-Magazin, zusätzlich bearbeitet

Die unabhängige Honorarberatung

Guter Rat scheint teuer. Aber schlechter Rat ist noch teurer. Man muss von der Vorstellung Abstand nehmen, dass es kostenlose Beratung gibt. Wer das behauptet, meint es nicht gut mit Ihnen. Denn wirkliche Berater verkaufen Ihnen keine Produkte, sondern Informationen. In der Beratung geht es ausschließlich um die Informationsweitergabe an den Auftraggeber. Und das kostet. Ein tatsächlicher Berater kann als reiner Informant beschrieben werden.

Frei von Abschlussdruck und Provisionsinteressen können Sie bei Beratern eine rechtlich, wirtschaftlich und finanziell unabhängige und uneigennützige Beratung erwarten. Solche echten Berater sind

- Mitarbeiter der Verbraucherzentralen,
- gerichtlich zugelassene Versicherungsberater und
- öffentlich bestellte IHK-Sachverständige für Kapitalanlagen und private Finanzplanung.

Verbraucherzentralen gibt es in den größeren Städten jedes Bundeslandes. Informationen über die nächste Verbraucherzentrale finden Sie im Telefonbuch Ihrer Stadt oder Ihrer Landeshauptstadt. Verbraucherzentralen beraten umfassend bei allen Finanz- und Versicherungsfragen. Die Beratungsgebühr ist von Bundesland zu Bundesland unterschiedlich. In Frankfurt/Main kostet eine zweistündige Geldanlageberatung, die beispielsweise umfassend über Altersvorsorge aufklärt, bestehende Sparverträge bewertet und Angebote prüft, 200 Mark.

Gerichtlich zugelassene *Versicherungsberater* werden von der zuständigen Justizbehörde eingesetzt und vom jeweiligen Gerichtspräsidenten ernannt. Der Grund für das Engagement der Justizbehörden: Versicherungsberatung ist fast immer Rechtsberatung. Gerichtlich zugelassene Versicherungsberater helfen bei der Auswahl der richtigen Versicherungen ebenso wie bei Rechtsfragen und Streitigkeiten im Schadensfall und erstellen außerdem Versicherungsgutachten bei Streitfällen. Ihre Erlaubnis zur Zulassung ist mit der Auflage verbunden, jede Vermittlung von Versicherungsverträgen zu unterlassen. Auch die unselbstständige Tätigkeit für ein Versicherungsunternehmen ist untersagt.

Versicherungsberater arbeiten auf Honorarbasis. Die Bezahlung erfolgt nach einer gesetzlich festgelegten Gebührenordnung oder wird frei ausgehandelt. Ein übliches Stundenhonorar dürfte bei 150 Mark und mehr liegen. Die Honorierung sollten Sie vorher schriftlich vereinbaren. Auch bei Art und Umfang der Beratung und eventuellen Nebenleistungen ist es sinnvoll, diese schriftlich festzuhalten – damit alle Beteiligten wissen, woran sie sind. Versicherungsberater haften übrigens für ihre Fehler und müssen eine Vermögensschaden-Haftpflichtversicherung haben. Problem: Es gibt nur wenige. In ganz Deutschland sind lediglich 40 Versicherungsberater zugelassen.

Die Industrie- und Handelskammer (IHK) in Frankfurt am Main bestellt und vereidigt Gutachter mit dem Titel *Sachverständige für Kapitalanlagen und private Finanzplanung*. Ihr Aufgabengebiet umfasst die Beurteilung und Bewertung allgemeiner Geld- und Kapitalanlagen sowie Finanzierungen und auch so genannter Steuersparmodelle. Voraussetzungen für die Bestellung sind langjährige Berufserfahrung, persönliche Integrität und überdurchschnittliche Fachkenntnisse. Diese Anforderungen kontrollieren die Mitglieder einer IHK-Prüfungskommission. Die Auftraggeber der Sachverständigen können mit hochwertiger Beratung rechnen, die Berater verstehen sich als neutrale Ratgeber, Gutachter und Schiedsrichter. Sie werden in Streitfällen vor Gericht, aber auch vor Anlageentscheidungen hinzugezogen und in der Folgezeit regelmäßig überprüft, ob sie jederzeit objektiv, neutral und unabhängig sind. Der Malus: Es gibt bislang (Stand: Herbst 1999) erst drei (!) bestellte und vereidigte Sachverständige. Auch hier gilt, dass man das Honorar vorher schriftlich vereinbaren sollte.

Vorbereitung auf ein Beratungsgespräch

Zunächst einmal sollte man für ein Beratungsgespräch einen festen Termin ausmachen. Das ist wichtig, damit der Berater auch wirklich uneingeschränkt Zeit für Sie hat. Bei Banken und Sparkassen nennen Sie den Wunsch-Gesprächspartner oder lassen sich – beispielsweise in einem Beratungszentrum – bei der zuständigen Person im Terminkalender eintragen. Sollten Sie außergewöhnlichen Beratungsbedarf haben, nennen Sie Anlagegröße und -ziele, damit sie einen kompetenten Gesprächspartner bekommen. Sorgen Sie auch dafür, dass Sie zum Beratungstermin einen Zeugen dabei haben.

Nun müssen Sie noch Ihre Hausaufgaben machen: Den Zweck der Beratung sollten Sie möglichst konkret fassen. Sie müssen wissen, was Sie wollen: allmählichen Vermögensaufbau, die Anlage vermögenswirksamer Leistungen, den Erwerb von Wohneigentum oder den Aufbau einer Altersvorsorge. Überlegen Sie, in welcher Höhe Kapital schon vorhanden ist oder wie viel Sie monatlich dafür aufwenden könnten. Auch sollten Sie sich Klarheit darüber verschaffen, ob Sie nun für zwei oder für 20 Jahre planen wollen und ob Sie in dieser Zeitspanne über die angelegten Gelder verfügen wollen. Prüfen Sie außerdem Ihre Anlagementalität. Das heißt: Wollen Sie eine konservative oder eine risikoreiche Geldanlage? Und können Sie sich Letztere wirklich leisten?

Günstig ist es, sich schon weit im Vorfeld der Beratung mit der Thematik zu beschäftigen. Planen Sie beispielsweise eine Sparanlage, dann sollten Sie schon von den Bundespapieren gehört und im Idealfall die aktuellen Konditionen vorliegen haben. Informiert zu sein ist immer die beste Strategie, damit können Sie auch die Empfehlungen Ihres Beraters beurteilen. Wenn Sie wissen, was Sie wollen, dreht Ihnen auch niemand etwas Ungewolltes an.

Woran man eine gute Beratung erkennt

Einen guten Berater erkennen Sie schon vor dem Gespräch. Denn er kommt nicht unaufgefordert auf Sie zu und versucht – womöglich noch mit der Empfehlung eines Bekannten –, Ihnen einen Termin aufzuschwatzen.

Erscheint ein Berater zum Termin mit einem Laptop – schon schlecht. In vielen Fällen versucht er die Kunden nur zu beeindrucken. Er wird behaupten, nach Eingabe einiger weniger kundenspezifischer Daten würden Angebote verglichen und das beste für den Kunden ermittelt. Aber die Software fungiert schlicht als Verkaufshilfe und ist kein objektiver Informationslieferant. Mit einem Computer lassen sich auch Wissenslücken kaschieren. Eine gute Beratung braucht keinen EDV-Einsatz.

Wenn ein Berater Ihnen unaufgefordert eine Vermögens- oder Finanzanalyse angedeihen lassen will, die Ihnen angeblich viel Geld und Steuern sparen soll, müssen Sie auf der Hut sein. Er will nur herausfinden, was er Ihnen noch verkaufen kann.

Bei Beratungen sollte man grundsätzlich skeptisch sein. Meistens werden Sie nur da gut beraten, wo viele gleichartige Produkte in Konkurrenz stehen. Besonders kritisch sollten Sie sein, wenn Ihnen etwas heiß empfohlen oder vehement aufgeschwatzt wird.

Der einzige sinnvolle Weg kann deswegen nur die Information sein. Beschäftigen Sie sich mit Finanzfragen, arbeiten Sie sich nach und nach in die Materie ein. Immerhin geht es um Ihr gutes Geld.

Ein guter Berater nimmt sich Zeit zum Erklären, setzt Sie nicht unter (Zeit-)Druck, drängt nicht auf Vertragsabschluss und startet keine Überredungsversuche. Er informiert Sie, schickt Ihnen weitere Unterlagen – und lässt Ihnen die Möglichkeit, Vergleichsangebote zu prüfen.

Fordert der Vermittler Sie auf, Ihnen zwei oder drei Namen von Bekannten zu nennen, die auch an einer Beratung interessiert sein könnten, haben Sie einen unseriösen Vertreter vor sich. Ihr Name soll dann als Türöffner für weitere Geschäfte missbraucht werden.

Wichtig: Fragen Sie, ob der Vermittler eine Vermögensschadens-Haftpflichtversicherung vorweisen kann. Hat er eine, ist er integer und seriös. Denn niemand ist unfehlbar, und so schützt der Berater seine Kunden schon im Vorfeld. Mit Antworten wie – »Wir machen keine Fehler!« sollte sich niemand zufrieden geben.

Kann der Berater eine Auswahl von vergleichbaren Produkten vorweisen? Oder zieht er nur ein Angebot aus der Schublade, das er über den grünen Klee lobt? Dann prüfen Sie seine Reaktion durch kritische Fragen. Ein guter Test bei Sparanlagen ist immer die Frage nach vergleichbaren Bundespapieren. Diese sind in der Bankenbranche und bei Verkäufern unbeliebt, weil daran nichts zu verdienen ist. Dabei sind sie für Sparer und Anleger immer interessant.

Ein guter Berater wirft auch nicht mit Fachausdrücken um sich, sondern erklärt, wovon er redet. Sonst kann man ihm Vernebelungstaktik unterstellen.

Eigeninitiative bei der Informationsbeschaffung

Informiert zu sein ist immer die beste Strategie, gerade beim Thema Geld und Finanzen. Um nicht zum Spielball provisionsabhängiger Berater zu werden, braucht man das nötige Hintergrundwissen. Das ist allerdings nicht in einer halben Stunde vor dem Beratungstermin zu bekommen. Empfehlenswert ist stattdessen, sich kontinuierlich mit Geldanlage, Versicherungen und Wirtschaftsthemen zu beschäftigen. Denn vieles ist miteinander verwoben und lässt sich nicht isoliert betrachten. Beschäftigen Sie sich nach und nach – nicht verbissen, sondern eher spielerisch – mit Finanzthemen. Sie werden sehen: Es wird spannender, je mehr man sich auskennt, Zusammenhänge erkennt und begreift.

Sich informieren, sich schlau machen, sich mit Geldanlage und -management auseinander setzen kann man auf verschiedene Art und Weise. Die meisten Informationsquellen dürften dabei als neutral eingeschätzt werden. Anders ist das bei bankeigenen Broschüren oder »heißen« Tipps im Internet, deren Verfasser und Absichten man nicht kennt. Es kann trotzdem lohnen, sich mit solchen Vorschlägen zu beschäftigen, aber bitte mit kritischem Blick. Empfehlenswert ist es deswegen immer, sich mehreren Informationsquellen zuzuwenden, um zu lernen, wie tendenziöse Ratschläge einzuschätzen sind.

Printmedien

Ab sofort sollten Sie bei der morgendlichen Lektüre Ihrer Tageszeitung den Wirtschafts- und Finanzteil nicht überblättern, sondern sich allmählich einlesen und so an den neusten Entwicklungen und Trends teilhaben. Die Berichterstattung über Finanzthemen hat in der Tagespresse in den letzten Jahren stark an Umfang zugenommen. Das ist besonders bei den überregionalen Tageszeitungen wie *Frankfurter Allgemeine, Die Welt, Frankfurter Rundschau* und *Süddeutsche Zeitung* festzustellen. Diese Blätter informieren Sie umfassend.

Es muss nicht gleich eine tägliche Wirtschaftszeitung wie das *Handelsblatt* oder die *Börsen-Zeitung* sein. Diese sind als zusätzliche Quelle für Wirtschaftslaien eigentlich zu teuer.

Wie beliebt und trendgerecht das Thema ist, sieht man an den vielen Wirtschaftstiteln, die die Kioske geradezu überschwemmen. Für Sparer und Anleger ist vor allem *Finanztest* zu empfehlen. Dieser Zeitschrift der bundeseigenen Stiftung Warentest kann man absolute Verbraucherfreundlichkeit und Objektivität unterstellen. Weitere lesenswerte Wirtschaftszeitschriften sind *Börse aktuell, Cash, Capital, DM, Euro, Finanzen, Impulse* oder *Wirtschaftswoche*. Eher an Fortgeschrittene wenden sich *Das Wertpapier* oder der *Effectenspiegel*. Je nach Gefallen sollten Sie den einen oder anderen Titel regelmäßig kaufen. Mehrere Abonnements wären teuer und ein schlechter Rat. Aber da sich die Magazine einen großen Kampf um Auflagen liefern und deswegen ihre Aufmacherthemen bewerben, können Sie zugreifen, wenn das Richtige für Sie dabei ist.

Wollen Sie den Versicherungsbedarf Ihrer Familie kennen lernen, sich einlesen in die Welt der Börse oder endlich etwas für Ihre Altersvorsorge tun, dann sind Ratgeber in Buchform die geeignete Lektüre. Sie garantieren durch ihre Ausführlichkeit eine besonders intensive Auseinandersetzung mit dem Thema. Hier erfahren Sie wahrscheinlich auch, dass alles noch viel komplizierter und komplexer ist, als Sie zunächst gedacht hatten. Viele Verlage sind mittlerweile auf Ratgeber und Wirtschaftsliteratur spezialisiert, die Ihnen die nötigen Hintergrundinformationen liefern.

Internet

Der Siegeszug des Internets ist kaum aufhaltbar. Hier kann sich jeder – egal zu welcher Tages- und Nachtzeit – über alles informieren und schnell erfahren, was er für eine aktive Wertpapieranlage wissen will. Beachten Sie dabei bitte, dass nahezu alle kostenlos veröffentlichten Kurse im weltweiten Netz um mindestens 15 Minuten zeitverzögert sind. Denn Echtzeit-Daten sind teuer. Viele Informationen sind kostenlos, bei anderen Anbietern ist eine kostenpflichtige Registrierung nötig.

Folgend nun einige interessante Internetadressen – bei dem raschen Wachstum des Mediums muss die Aufzählung naturgemäß unvollständig sein.

Ausgewählte Internetadressen für Börsen- und Wirtschaftsinformationen

finanzen.de.yahoo.com	ausführliche Kursinformationen und Aktienvergleiche
www.bank24.de	umfangreiche Kursinformationen
www.bdb.de	Bundesverband Deutscher Banken
www.bloomberg.com	amerikanische Wirtschafts-Nachrichtenagentur
www.boerse.de	Links zu allen Börsen der Welt
www.business-channel.de	Wirtschaftspresse: Börse online, Capital, Impulse
www.bvi.de	Bundesverband Deutscher Investmentgesellschaften
www.consors.de	der Discount-Broker bringt u. a. frei zugängliche Analysen
www.comdirect.de	umfangreiche Kursinformationen
www.dbresearch.com	Studien von Deutsche Bank Research
www.dm-online.de	Online-Dienst der Zeitschrift *DM*
www.exchange.de	die Frankfurter Wertpapierbörse präsentiert sich
www.financial.de	Überblick der Möglichkeiten für Anleger
www.finanzen.de	Online-Dienst der Zeitschrift *Finanzen*
www.finanz-links.de	Börseninformationen und Links
www.focus.de	Online-Dienst der Zeitschrift *Focus*, umfangreiche Wirtschaftsinformationen
www.germany.net	Informationskanal für Börsen- und Wirtschaftsdaten
www.handelsblatt.de	Online-Informationen des *Handelsblatts*
www.hauptversammlung.de	Seite der Deutschen Schutzgemeinschaft für Wertpapierbesitz, Informationen über unseriöse Praktiken im Finanzbereich
www.internet.de	Informationen zu Internet-Aktien
www.interstoxx.de	Informationen zum Neuen Markt
www.investorscreen.de	Charts und Zahlen
www.micropal.de	Informationen über Investmentfonds
www.onvista.de	ausführliche Kursinformationen und Optionsscheinvergleich
www.schnigge.com	Infos zu Neuemissionen
www.sdk.org	Schutzgemeinschaft der Kleinaktionäre
www.vwd.com	Wirtschafts-Nachrichtenagentur

Viele weitere informative Internetadressen finden Sie im Bankenbereich, beispielsweise *www.deutsche-bank.de,* usw.

Bei der Informationssuche im Internet sollte man besonders auf die Herkunft der Daten achten. So kam im Sommer 1999 der Aktienkurs der Endemann AG kräftig unter Druck, als im Internet Falschmeldungen von einer gescheiterten Kooperation mit einem Vermarktungsunternehmen lanciert wurden.

Eine hervorragende Plattform für Betrüger sind Newsgroups. Durch gezielte Falschinformationen lassen sich die Kurse von Aktien mit geringem Handelsvolumen beeinflussen. Dazu gibt es in den USA schon einige nachgewiesene Beispiele. Nach einer Empfehlung eines (wenig bekannten) Investment-Clubs sprang die Aktie eines Hardware-Herstellers von 3 auf 50 Dollar. Damit machten die Mitglieder des Clubs ein einträgliches Geschäft.

Der Dachverband amerikanischer Wertpapierhändler warnt daher vor unseriösen Börsentipps. Einige Broker streuen gezielt falsche Meldungen und treiben dadurch die Kurse bestimmter Aktien in die Höhe. Vorher haben sie sich natürlich mit den wertlosen Papieren eingedeckt. Dass es sich um ein Strohfeuer handelt, merken die Anleger erst, wenn der Kurs genauso schnell wieder fällt, wie er gestiegen ist.

Auch die Anzahl unaufgeforderter elektronischer Werbeinformationen, die Online-Surfer per E-Mail erreichen, steigt, und die Absender so genannter Spam-Mails sitzen häufig in den USA. Hier gibt es eine Menge dubioser Geldtricks. Das World Currency Cartel etwa wirbt seit Jahren im Internet mit dem Spruch: How to convert $ 35 into one hundred of legal currency – Wie man 35 Dollar in 100 einer legalen Währung verwandelt. Dabei fehlt nicht zufällig das Währungszeichen hinter der Hundert. Beim Umtausch von 35 Dollar in 100 Lire ist der Einsatz weg.

Was tun bei Betrug?

Finanznews gehören zu den am häufigsten abgerufenen Informationen im Internet und sind deswegen eine ideale Spielwiese für schwarze Schafe. Zweifelhafte Anbieter bleiben weitgehend anonym. Die Herkunft der Angebote ist, wenn überhaupt, nur schwer nachzuvollziehen. Wer betrogen wurde, der braucht sich keine großen Hoffnungen zu machen. Sollte es bei grenzüberschreitenden Angeboten gelingen, die Drahtzieher auszumachen, steht man vor komplizierten Rechtsproblemen.

Doch nicht nur im World Wide Web wird gemogelt. Durch Betrug verlieren deutsche Anleger jährlich 40 Milliarden Mark, teilt die Landeszentralbank Bayern 1999 mit. Und der Frankfurter Aktionskreis Finanzplatz schätzt, dass deutsche Sparer jährlich um mindestens 60 Milliarden Mark geschädigt werden. Da wird beispielsweise Anlegern ohne Eigenkapital eine Wohnung und parallel eine Lebensversicherung aufgeschwatzt. Dabei liegt der Kaufpreis der Immobilie meist weit über dem Verkehrswert, und die vorgerechneten Mieteinnahmen erweisen sich schnell als viel zu optimistisch. Auch Steuersparmodelle, wie geschlossene Immobilienfonds oder Schiffsbeteiligungen, erweisen sich als Reinfall. Ein Grund für die Machenschaften: Der graue Kapitalmarkt wird nicht offiziell kontrolliert. Das Bundesaufsichtsamt für das Kreditwesen hat zwar die Aufgabe, Finanzdienstleister zu überprüfen, aber es fehlt ihm an Personal und Mitteln.

Hegen Sie den unangenehmen Verdacht, dass man Sie betrogen hat, sollten Sie sich professionelle Hilfe holen. Eine gute Anlaufstelle ist die Verbraucherberatung. Sie können sich auch an die Deutsche Schutzvereinigung für Wertpapierbesitz in Düsseldorf wenden. Neu dazu gekommen ist der Frankfurter Ring, eine – nach Selbstauskunft – in ganz Deutschland operierende Selbsthilfeorganisation, die Anleger über unseriöse Praktiken und über dubiose Anbieter auf dem grauen Kapitalmarkt informieren, Geschädigten sachkundige Anwälte vermitteln und Prozesse gegen schwarze Schafe führen will.

8
Sparziel Immobilie

Regelmäßig sparen und Geld auf die hohe Kante legen ist gut. Doch der Mensch braucht auch Sparziele. Sicher gibt es viele kleinere Wünsche, die man sich nach und nach erfüllen kann. Doch eines ist für viele ein echter Traum, zudem eine Bereicherung der Lebensqualität und der beste Baustein für eine sichere Altersvorsorge: die eigene Wohnimmobilie.

Das Ansparen für ein Haus oder eine Eigentumswohnung und das Finanzieren der Immobilie wird hier deswegen angesprochen, weil es für die meisten die größte Investition im Leben darstellt. Zudem lässt sie sich normalerweise nur mit Fremdkapital aus Krediten nicht finanzieren. Eigenkapital ist vonnöten. Fast immer ist eine Immobilienfinanzierung eine langfristige Angelegenheit. Und weil so lange rückgezahlt werden muss, ist eine maßgeschneiderte Finanzierung besonders wichtig. Sie muss individuell passen, darf nicht einengen und sollte Konsumwünsche, Wohlergehen und auch Sondertilgungen des Hypothekendarlehens ermöglichen.

Deshalb sollte man sorgfältig kalkulieren und kritisch die eigene finanzielle Belastbarkeit überprüfen. Wenn Sie wissen, welche Belastung noch angenehm ist und wie hoch sie maximal gehen dürfen, können Sie nüchtern und realistisch kalkulieren, wie viel eine Immobilie kosten darf und ob Ihr Traumobjekt für Sie finanzierbar ist.

Rechnen Sie mit Nebenkosten

Mit den reinen Baukosten oder dem Preis für die Traum-Immobilie ist es leider nicht getan. Hinzu kommen Nebenkosten, die stark ins Gewicht fallen können und nahezu alle in der ersten Zeit, also in der Bau- oder Kaufphase zu begleichen sind. Kalkulieren Sie für Nebenkosten mindestens 10 Prozent. Für eine sichere Immobilienfinanzierung ist es notwendig, diese vollständig vom Eigenkapital zu bezahlen. Die Höhe der Kosten, wie Grunderwerbsteuer sowie Notar- und Grundbuchgebühren, orientiert sich am notariell beurkundeten Kaufpreis. Geschickte Preisverhandlungen zahlen sich also auch bei den Nebenkosten aus.

Checkliste: Verbindliche Kosten

- Wertermittlungsgebühren – 0,5 Prozent des Objektwerts
- Kosten für Grundschuldeintragung – 0,5 Prozent der Darlehenssumme
- Grunderwerbsteuer – 3,5 Prozent des Kaufpreises oder der Gesamtkosten, auch bei Eigentumswohnungen
- Kosten für Einrichtungsgegenstände und Renovierung
- Umzugskosten
- Unvorhergesehenes
- Reserven allgemein

Wie Sie finanzieren

Je höher das Eigenkapital, desto geringer ist natürlich der Kreditanteil. Damit sinken die laufenden Finanzierungskosten. Erforderlich sind für eine solide Wohneigentumsfinanzierung mindestens 20, besser 30 Prozent Eigenkapital, bei niedrigem Einkommen eher mehr.

Nur wer gut verdient, kann zur unteren Grenze tendieren. Denn eine wenig sichere Einkommenssituation erfordert mehr Eigenkapital, um das Risiko eines Scheiterns möglichst gering zu halten. Außerdem ist für einige öffentliche Fördermittel Eigenkapital vorzuweisen.

Machen Sie nun einen Kassensturz und prüfen Sie die Höhe Ihres Eigenkapitals. Voraussetzung für die sinnvolle Nutzung ist die Liquidität der Mittel, also die Verfügbarkeit. Damit kommen nur kurzfristig verfügbare Mittel in Betracht.

Checkliste Eigenkapital

- Bares
- Sparguthaben/Sparbriefe. All das, was eine Rendite unter dem Kreditzins bringt, sollte als Eigenkapital Ihrer Immobilienfinanzierung genutzt werden. Denn Tilgung ist hier die beste Geldanlage.
- Termingelder
- frei veräußerbares Wertpapiervermögen wie Aktien, Anleihen, Investmentfonds
- Bausparguthaben aus zuteilungsreifen Bausparverträgen. Noch nicht zuteilungsreife oder erst teilweise angesparte Verträge taugen nicht als Eigenkapital
- in Kürze fällige Kapitallebensversicherungen
- Kapitallebensversicherungen – aktueller Rückkaufswert
- hypothekenfreies oder angezahltes Grundstück, auf dem Sie bauen können
- vorgezogene Erbauszahlungen oder Schenkungen
- zinslose oder zinsgünstige Darlehen von Verwandten oder vom Arbeitgeber
- Einsparungen durch Eigenleistungen (geschätzt)
- Verkaufserlös einer anderen Immobilie MINUS Sicherheitsreserve. Und sei der Wunsch auch noch so groß – Bauherr und Immobilienkäufer dürfen nicht alle Vermögenspolster opfern. Für den Notfall muss verfügbares Geldvermögen erhalten bleiben.

Berücksichtigen Sie auch, dass die oben ermittelten Nebenkosten (mindestens 10 Prozent der Baukosten oder des Kaufpreises) aus Eigenmitteln gezahlt werden sollten.

Sie können die Baukosten durch Eigenleistungen senken. Aber nur, wenn Sie das handwerkliche Geschick und die Zeit dafür haben. Bemessen Sie Ihre Eigenleistungen nicht zu optimistisch. Die Banken bewerten sie bei der Finanzierung wie Eigenkapital, doch sie dürfen nicht dazu genutzt werden, bestehende Finanzierungslücken zu verschleiern.

Die monatliche Belastung

Vor dem Gespräch mit Ihrer Hausbank und vor dem Einholen von Finanzierungsangeboten anderer Banken sollten Sie sich einen Überblick darüber verschaffen, welche Summe Sie monatlich für die Finanzierung Ihres Wohneigentums abzweigen können. Denn für eine solide Finanzierung ist es entscheidend, die eigene finanzielle Belastbarkeit richtig einzuschätzen. Klären Sie, ob Ihr Einkommen ausreicht, um neben den bestehenden Ausgaben noch Spielraum zum Abbezahlen eines Kredits zu haben.

Ihre Finanzierungsbelastung darf 50 Prozent des Nettoeinkommens auf keinen Fall überschreiten. Besser ist es, wenn sie unter 40 Prozent liegt. Wer also 3 000 Mark netto verdient, der sollte keine höhere Kreditbelastung als 1 200 Mark im Monat tragen. Denn trotz der Immobilienfinanzierung brauchen Sie für Ihr Leben Sicherheitsreserven, sonst geraten Sie in Zahlungsschwierigkeiten. Denn bedenken Sie: Zahlungsunfähig ist nicht, wer Schulden hat – insbesondere wenn ein Immobilienvermögen gegenübersteht –, sondern wer seinen finanziellen Verpflichtungen nicht nachkommen kann. Planen Sie also nicht zu knapp.

Der individuelle Finanzplan

Den Überblick über monatliche Belastung und Finanzgestaltung kann ein detaillierter Finanzplan bringen. Oft besteht eine Immobilienfinanzierung allerdings nicht nur aus einem einzigen Darlehen, sondern aus einer Mischung der verschiedensten Finanzierungsbausteine. Patentrezepte gibt es dabei nicht. In den meisten Fällen dürften schon vorhandene Finanzierungsformen, wie Bausparverträge, mit einem Hypothekendarlehen kombiniert werden.

An einem Beispiel soll dies verdeutlicht werden: Familie Mayer plant einen Neubau zu beziehen, der 400 000 Mark kostet. Deswegen listet sie zunächst die eigenen Finanzierungsmöglichkeiten auf.

Die Familie verfügt über Bargeld in Höhe von 5 000 Mark, hat auf einem Sparbrief 20 000 Mark Guthaben. Zudem kann sie sichere Wertpapiere (Pfandbriefe) hineinrechnen: 15 000 Mark. Herr Mayer plant, beim Hausausbau mit Hand an zu legen. Da er ein geschickter Heimwerker ist, rechnet er sich aus, dass die Einsparungen 30 000 Mark betragen werden. Das sind dann die Eigenleistungen. Außerdem hat er einen kulanten Arbeitgeber, der der Familie ein zinsloses Darlehen bereitstellt, das sie durch die Eigenheimzulage zurückzahlen kann. Schließlich haben die Mayers eine Kapitallebensversicherung, deren Rückkaufswert bei 50 000 Mark liegt. Das sind also 170 000 Mark Eigenmittel. So bleibt der Fremdfinanzierungsbedarf relativ gering.

Die verbleibenden 230 000 Mark werden aber nicht von einer einzigen Bank finanziert. Bank A übernimmt die erstrangige Hypothek mit 150 000 Mark, für die die Familie in den nächsten zehn Jahren monatlich 1 100 Mark aufbringen muss. Bei Bank B nimmt Familie Mayer das zweitrangige Darlehen über 80 000 Mark auf. Sie hat an diese fünf Jahre lang monatlich 500 Mark zu zahlen. Daraus ergibt sich für die nächsten fünf Jahre eine monatliche Belastung von 1600 Mark. Nach fünf Jahren endet die Zinsbindung der zweitrangigen Hypothek. Dann muss abhängig vom dann aktuellen Marktzins verhandelt und ein neues Darlehen abgeschlossenen werden. Für das Ende der Zinsbindung der erstrangigen Hypothek in zehn Jahren hat sich die Familie eine Sondertilgung vorgenommen.

Im beispielhaften Finanzplan konnten durch umfangreiche Eigenleistungen und ein großzügiges Arbeitgeberdarlehen, das sich an die staatlichen Zahlungen der Eigenheimzulage anlehnt, Eigenmittel von 40 Prozent erbracht werden. Der Fremdfinanzierungsbedarf blieb deswegen relativ gering. Trotzdem muss die Familie in den nächsten

Beispiel: Finanzplan Familie Mayer

Familie Mayer, 2 Kinder, Neubau, Finanzierungsbedarf: 400000 Mark

Eigenmittel	Betrag/ Auszahlungssumme in DM	
Bargeld	5000	
Sparguthaben	20000	
Wertpapiere	15000	
Eigenleistungen	30000	
Arbeitgeberdarlehen zinslos, zu verrechnen mit jährlicher Eigenheimzulage	50000	
Kapitallebensversicherung, Rückkaufswert	50000	
Summe Eigenmittel	170000	
Fremdmittel	Betrag in DM	Monatliche Belastung in DM
Hypothek (erstrangig) 7 Prozent, 10 Jahre fest	150000	– 1100
Im Anschluss an die 10 Jahre geplant: Sondertilgung aus Eigenheimzulage und Erspartem		
Hypothek (zweitrangig) 6,5 Prozent, 5 Jahre fest	80000	– 500
Summe Fremdmittel	230000	
Monatliche Belastung in den ersten fünf Jahren		–1600
Staatliche Hilfen		
Eigenheimzulage (8 Jahre lang) 8 × 5000 =	40000	
Kinderzulage (8 Jahre lang) 2 × 8 × 1500 =	24000	
Summe staatliche Hilfen	64000	

(Damit wird das Arbeitgeberdarlehen abgezahlt. Außerdem bleibt ein Grundstock für die Sondertilgung.)

fünf Jahren monatlich 1600 Mark aufbringen. Nach Ablauf dieser Zeit endet die Zinsbindung der zweitrangigen Hypothek. Dann muss neu verhandelt werden. Wenn die Familie Pech hat, sind die Kapitalmarktzinsen gestiegen und die Belastung erhöht sich. Für das Ende der Zinsbindung der erstrangigen Hypothek hat sich die Familie eine höhere Tilgung vorgenommen.

Hypothekendarlehen

Das Hauptgewicht Ihrer Wohneigentumsfinanzierung sollte auf langfristigen Hypotheken liegen. In der überwiegenden Zahl der Fälle dürfte ein Hypothekendarlehen für selbst genutzte Immobilien die günstigste Finanzierungsform darstellen. Ein Hypothekendarlehen ist nichts anderes als ein langfristiger Kredit, der ratenweise zurückgezahlt wird, meist in Form von Annuitäten. Eine Annuität ist ein über mehrere Jahre hinweg gleich bleibender Betrag, der jährlich für Zins- und Tilgungsleistungen aufgebracht werden muss. Gewöhnlich wird in monatlichen Raten gezahlt, die für einen bestimmten Zeitraum, meist fünf oder zehn Jahre, gleich hoch bleiben. Danach muss der Darlehensvertrag wieder neu ausgehandelt werden.

Hypothekendarlehen erhält man bei Banken und Sparkassen oder Hypothekenbanken. Allgemein gewähren Banken und Sparkassen nur kürzere Laufzeiten, da sie sich ihre Kreditgelder durch Spareinlagen besorgen. Hypothekenbanken dagegen bieten eher lange Laufzeiten – sie finanzieren mit Pfandbriefen gegen.

Derzeit, Ende 2000, liegen die Zinsen relativ niedrig, und daraus ergeben sich für Bauherren und Immobilienkäufer günstigste Konditionen. Was das bedeutet, lässt sich ersehen, wenn man sich vor Augen führt, dass ein 200 000-Mark-Darlehen bei 8 Prozent Zinsen in 28 Jahren rund 250 000 Mark kostet – allein an Zinsen.

Kurze oder lange Zinsbindung

Kurze Laufzeiten sind empfehlenswert, wenn eine Hochzinsphase überbrückt werden soll; lange Laufzeiten sind in Niedrigzinszeiten angeraten. Doch klar ist nicht immer, wo sich der Zinsstand gerade befindet. Vielleicht steigen die Zinsen ja noch, oder sie fallen nach langer relativer Stagnation weiter. Niemand kann voraussagen, wie sich die Zinsen in Deutschland als Teil von Euroland und abhängig von der Weltwirtschaft entwickeln werden. Welche Zinsbindung unter dem Strich also die günstigere war, stellt sich immer erst im Nachhinein heraus.

Grundsätzlich ist es außer in Hochzinszeiten nie verkehrt, lange Laufzeiten zu wählen. Denn wenn der Zins festgeschrieben ist und damit die Höhe der monatlichen Belastung, bleiben die Kosten kalkulierbar. Und für die Zeit nach Ablauf der Zinsbindung sollte man rechtzeitig vorsorgen, denn die Zinsentwicklung am Kapitalmarkt kann ungünstigere Konditionen bringen.

Meistens empfiehlt sich eine Zinsbindung von mindestens zehn Jahren, bei niedrigen Zinsen möglichst länger. Hypothekendarlehen mit 15 Jahren Zinsbindung gehören mittlerweile zumindest bei den überregionalen Banken schon fast zum Standardangebot. Einige Kreditinstitute bieten auch Baukredite mit 20-jähriger Zinsbindung oder einen Festzins über die komplette Finanzierungsdauer. Der Vorteil für den Bankkunden: Selbst bei extrem langer Zinsbindung ist er nach zehn Jahren nicht mehr an seinen Kreditvertrag gebunden. Laut § 609a des Bürgerlichen Gesetzbuches (BGB) kann das Darlehen vom elften Jahr an jederzeit mit einer Frist von sechs Monaten gekündigt werden. Der Kreditgeber hingegen darf nicht kündigen, er ist auf Dauer an die Konditionen gebunden.

Kleiner Wermutstropfen der längeren Zinsbindung: Sie kostet etwas mehr. Darlehen mit fünfjähriger Festschreibung sind durchschnittlich um 0,5 bis 1 Prozent billiger als Darlehen mit zehnjähriger Zinsbindung. Ein weiterer halber Prozentpunkt mehr muss für eine 15-jährige Laufzeit kalkuliert werden, für 20 Jahre Zinsbindung wiederum ein Aufschlag von 0,5 Prozent.

Tilgung

Eine Besonderheit des Annuitätendarlehens sind, wie schon erwähnt, die gleich bleibenden Raten während der gesamten Laufzeit. Sie setzen sich zusammen aus einem Zins- und einem Tilgungsteil, deren Gewichtung sich jedoch über die Zeit verändert. Anfänglich sind fast ausschließlich Zinsen zu zahlen, im Laufe der Jahre reduziert sich dieser Anteil zugunsten der Tilgung. Mit jeder Mark Tilgung wird die Restschuld geringer. Anfänglich sinkt diese nur langsam, dann aber immer schneller.

Die Standardtilgung liegt bei jährlich 1 Prozent – die Kreditinstitute gehen gewöhnlich in ihren Angeboten davon aus. Auf Wunsch des Kunden vereinbaren sie aber auch höhere Tilgungen, die die Gesamtlaufzeit erheblich verkürzen. Das hat für den Kreditnehmer die angenehme Auswirkung, dass insgesamt weniger Zinsen gezahlt werden müssen. Je höher die Tilgung, desto kürzer die Gesamtlaufzeit, desto billiger der Kredit.

Als weiterer Aspekt einer höheren Tilgung ist die Sicherheitsfrage beachtenswert. Denn bei 1 Prozent Tilgung sind nach zehn Jahren lediglich 15 Prozent des Darlehens zurückgezahlt, bei 3-prozentiger Tilgung dagegen fast die Hälfte.

Lassen Sie sich den Unterschied beim Beratungsgespräch ausrechnen. Die Gesamtkosten Ihrer Immobilie sinken durch höhere Tilgungsraten und eine entsprechend kürzere Darlehenslaufzeit um mehrere zehntausend Mark.

Sondertilgung

Tilgen ist gut. Mit einer Erbschaft oder einem Lottogewinn lässt sich die Finanzierungslast eines Hypothekendarlehens erheblich reduzieren. Allerdings nur, wenn man die Möglichkeit zu Sondertilgungen hat. Manchmal sind Kreditinstitute einverstanden, eine entsprechende Klausel in den Kreditvertrag aufzunehmen, die Bereitschaft ist aber nicht allzu hoch. Lediglich bei Baukrediten mit variablen Zinsen können jederzeit beliebige Summen zurückgezahlt werden.

Prinzipiell rechnen sich Sondertilgungen nur dann, wenn sie kostenlos möglich sind. Ansonsten muss im Einzelfall entschieden werden. Ohne schriftliche Fixierung im Vertrag sind Sondertilgungen während der Festschreibungsfrist nicht oder nur gegen Zahlung einer oft hohen Vorfälligkeitsentschädigung möglich. Das ist eine Zahlung, die die Banken als Ausgleich für den entgangenen Gewinn einfordern. Schnell kommt man hierbei in den fünfstelligen Bereich.

Wer weder erbt noch im Lotto gewinnt, sollte sich aufs Sparen verlegen. Am sinnvollsten ist es, auf das Ende der Zinsbindung hin zu planen – schon wegen des Zinsrisikos. Denn ist der Hypothekenvertrag abgelaufen, können Sie tilgen, so viel Sie wollen, ohne dafür Gebühren zahlen zu müssen. In die nächste Hypothekenrunde gehen Sie dann mit einer sehr viel geringen Belastung.

Ein guter Kompromiss – für beide Seiten – können begrenzte Sondertilgungen sein. Schlagen Sie dies doch Ihrer Bank vor! So sind viele Kreditinstitute zum Beispiel bereit, jährliche Sondertilgungen bis zur Höhe der Eigenheimzulage zuzulassen. Dies erhöht Ihre Tilgung und sichert die gesamte Hypothekenfinanzierung ab.

Die Eigenheimzulage

Anfang 1996 löste das neue Eigenheimzulagengesetz erfreulicherweise die alte Regelung zur privaten Wohneigentumsförderung über das Einkommensteuergesetz ab. Seitdem gibt es eine einheitliche Eigenheimzulage. Sie ist in der Höhe nur noch differenziert nach Alt-, Neu- und Ausbau und der Anzahl der Kinder. Damit ist die staatliche Förderung kalkulierbar geworden. Die Eigenheimzulage wird direkt und pünktlich vom Finanzamt gezahlt, sofern einige wenige Voraussetzungen erfüllt sind: Die Wohnimmobilien müssen selbst oder von Angehörigen genutzt sein, Ledige dürfen im Antragsjahr und im Vorjahr ein Einkommen von 160 000 Mark, Verheiratete von 320 000 Mark nicht übertreffen. Das Einkommen wird einmal – im Jahr der Antragstellung – überprüft. Es werden jedoch zwei Jahre einbezogen, um Einkommensschwankungen zu berücksichtigen.

Für jedes Kind erhöhen sich die Einkommensgrenzen bei Verheirateten um 60 000 Mark, bei unverheirateten Eltern für jede/n Anspruchsberechtigte/n um je 30 000 Mark.

Bau, Ausbau, Erweiterung oder Kauf von Wohneigentum unterstützt der Staat mit seiner Grundförderung: acht Jahre lang erhält man 5 000 Mark für Neubauten und für Altbauten hat der Gesetzgeber acht Jahre lang 2 500 Mark vorgesehen. Damit bekommen Immobilienbesitzer für Neubauten insgesamt 40 000 Mark, für Altbauten

20 000 Mark. Auch Ausbauten oder Erweiterungen werden mit 20 000 Mark unterstützt.

Eine Einschränkung gilt: Man kann die Förderung nur einmal in Anspruch nehmen. Dann ist so genannter Objektverbrauch eingetreten. Ehepaaren steht die Förderung zweimal zu, allerdings nur für verschiedene Objekte und nicht gleichzeitig.

Kinderzulage

Eltern bekommen zuzüglich zur Grundförderung pro Kind ebenfalls acht Jahre lang 1 500 Mark. Damit summiert sich die Kinderzulage pro Kind auf 12 000 Mark. Voraussetzung dafür ist, dass das Kind zum Haushalt gehört, es muss aber nicht im geförderten Objekt wohnen. Außerdem müssen die Eltern für den Nachwuchs auch Kindergeld beziehen oder einen Kinderfreibetrag eingetragen haben. Bezahlt wird die Kinderzulage gewöhnlich bis zum Alter von 18 Jahren, wenn der Sprössling Ausbildung, Wehr-, Zivildienst oder ein soziales Jahr absolviert, bis 27.

Alle Komponenten der Eigenheimzulage im Überblick

	Maximale jährliche Förderhöhe
Grundbetrag	
Neubauten	5 000 DM
Altbauten	2 500 DM
Ausbauten und Erweiterungen	2 500 DM
Genossenschaftsanteile	2 400 DM
Kinderzulage	
Für Neu- Alt-, Ausbau, Erweiterung	1 500 DM
Für Genossenschaftsmitglieder	500 DM
Ökozulage	
Für Energie sparende Anlagen	500 DM
Für Niedrigenergiehäuser	400 DM

Checkliste zur Wohneigentums-Finanzierung

- Ermitteln Sie zunächst, wie viel Eigenkapital Sie haben und wie viel Geld Sie tatsächlich benötigen.
- Nutzen Sie alle Möglichkeiten zur Eigenkapitalstärkung: durch kostengünstige Verwandten-, Arbeitgeberdarlehen oder realisierbare Eigenleistungen.
- Holen Sie schriftlich Darlehensangebote bei verschiedenen Kreditinstituten ein. Geben Sie dabei den Banken die gewünschte Zinsbindungsdauer, die Höhe der monatlichen Raten und die benötigte Kreditsumme vor.
- Lassen Sie sich zumindest den Effektivzins und die Restschuld am Ende der Zinsbindung geben. Das günstigste Angebot erkennen Sie anhand des niedrigsten Effektivzinses und der geringsten Restschuld am Ende der Zinsbindung.
- Wichtig ist auch die Höhe des möglichen Kredites. Finanziert die Bank nur 60 bis 70 Prozent des Beleihungswertes, muss ein zweites teureres Hypothekendarlehen her oder sie benötigen einen Bausparvertrag.
- In Niedrigzinsphasen sollten Sie eine lange Zinsbindung wählen, in Hochzinsphasen eine kurze.
- Wenn Sie keine Sondertilgung vereinbaren konnten: Sparen und denken Sie auf die Zwischentilgung hin. Ist die Zinsbindung abgelaufen, können Sie tilgen, so viel Sie wollen – teilweise oder ganz.
- Bausparen sollte man nur als Finanzierungsbaustein nutzen. Ein Bausparvertrag kann einen Hypothekenkredit nur ergänzen, aber nie ersetzen. Größere Bausparsummen treiben die spätere Monatsbelastung hoch.
- Tilgen Sie so schnell wie möglich. Die monatliche Tilgung sollte hoch angesetzt sein. Nutzen Sie Sondertilgungen und tilgen Sie noch Ende der Zinsbindung oder nach zehn Jahren so viel wie möglich. Denken Sie daran: Dadurch verkürzt sich nicht nur die Laufzeit, sondern Sie zahlen tatsächlich weniger für das gleiche Geld.

Die Eigenheimzulage für Singles, Paare und Familien

	Single ohne Kind	**Ehepaar ohne Kind**	**Familie mit einem Kind**	**Familie mit zwei Kindern**	**Familie mit drei Kindern**
Grundförderung für Neubau	40000	40000	40000	40000	40000
Grundförderung für Altbau	20000	20000	20000	20000	20000
Kinderzulage	–	–	12000	24000	36000
Ökozulage für umwelttechnische Einbauten	4000	4000	4000	4000	4000
Ökozulage für Niedrigenergiehaus	3200	3200	3200	3200	3200
Maximaler Zuschuss für Neubau	47200	47200	59200	71200	83200
Maximaler Zuschuss für Altbau	24000	24000	36000	48000	60000

9
Vermögenswirksame Leistungen

Weil man nicht oft im Leben etwas ganz umsonst bekommt, sollte man sich vom ersten Arbeitstag an die vermögenswirksamen Leistungen und auch die geschenkten Gelder vom Staat sichern. Es handelt sich zwar um keine großen Beträge – doch es bringt einen ersten Kapitalstock, und zwar zum Nulltarif! Die meisten Tarifverträge verpflichten die Arbeitgeber, ihren Arbeitnehmern zusätzlich zum Gehalt vermögenswirksame Leistungen oder kurz VL zu zahlen. Der Betrag schwankt zwischen 13 – meist im öffentlichen Dienst – und 78 Mark monatlich. Die etwaige Differenz zu 78 DM bezahlt der Arbeitnehmer selbst. Wegen des jährlichen Gesamtbetrages spricht man auch vom 936-Mark-Gesetz.

Viele verzichten auf geschenktes Geld

Nur 54 bis 59 Prozent der Beschäftigten zwischen 30 und 49 Jahren nutzen die Chance zum Vermögensaufbau durch vermögenswirksame Leistungen. Bei den 20- bis 39-Jährigen verzichten sogar 86 Prozent auf das Geld. Das fand eine Emnid-Studie, veröffentlicht im September 2000, im Auftrag der Investmentfirma Union Investment heraus.

Dabei haben grundsätzlich alle beschäftigten Arbeitnehmer, Lehrlinge und Beamten sowie Berufs- und Zeitsoldaten das Recht auf vermögenswirksame Leistungen. Je nach Branche und Betrieb steuert das Unternehmen zwischen 13 und 78 Mark im Monat bei. Das ergibt zwischen 156 und 936 DM im Jahr. Der Arbeitnehmer muss dann nur entscheiden, wie er das Geld anlegen möchte, und dies seinem Arbeitgeber mitteilen.

Was der Staat dazugibt

Vielen Arbeitnehmern steht zusätzlich eine staatliche Arbeitnehmersparzulage zu. Allerdings darf das zu versteuernde Einkommen – also das Einkommen nach Abzug der Werbungskosten, Sonderausgaben und Kinderfreibeträge – 35 000 Mark bei Ledigen und 70 000 Mark bei Verheirateten nicht überschreiten. Der entsprechende Bruttoverdienst ist je nach Steuerklasse und Kinderanzahl erheblich höher. Maßgebend ist das zu versteuernde Einkommen des Arbeitnehmers, das sich aus dem Bruttoeinkommen abzüglich aller steuerlich abzugsfähigen Beträge errechnet.

Die Einkommensgrenzen von 35 000 und 70 000 Mark für die Arbeitnehmersparzulage entsprechen nach Informationen des Bundesministeriums für Arbeit und Sozialordnung folgenden Jahresbruttolöhnen:

Einkommensgrenzen für die Arbeitnehmersparzulage

Alleinstehende ohne Kinder:	40 996 DM
Verheiratete Alleinverdiener ohne Kinder:	80 046 DM
Verheiratete Alleinverdiener mit zwei Kindern:	93 870 DM
Verheiratete ohne Kinder, beide berufstätig:	82 046 DM
Verheiratete mit zwei Kindern, beide berufstätig:	95 870 DM
Verheiratete mit drei Kindern, beide berufstätig:	102 787 DM

Stockt man die 936 Mark um 800 Mark auf 1 736 Mark auf, so gibt es vom Staat für Aktienfonds zusätzlich 20 Prozent, für die neuen Bundesländer gelten sogar 25 Prozent, allerdings nur bis zum Jahr 2004. Mit 10 Prozent werden Bausparverträge gefördert. Kein Wunder, dass die beiden Anlageformen die gängigsten und beliebtesten sind. Arbeitnehmer können auch beide Sparformen ausnutzen und somit eine doppelte Förderung kassieren.

Nach dem fünften Vermögensbildungsgesetz 1999 summieren sich die staatlichen Prämien bei Fonds- und Bausparen auf bis zu insgesamt 700 Mark für berufstätige Ehepaare.

Wer mit seinen vermögenswirksamen Leistungen von jährlich 936 Mark bauspart, bekommt eine Prämie von 10 Prozent oder 93,60 Mark im Jahr dazu. Wenn der Betrag aufgestockt wird (Singles: auf 1000 Mark, Ehepaare: auf 2000 Mark) winkt zusätzlich der Wohnungsbauprämie: maximal 100 Mark für Singles, 200 Mark für Ehepaare – also 10 Prozent pro Jahr.

So viel staatliche Prämie steht Ihnen zu

	allein stehender Arbeitnehmer	verheiratet ein Arbeitnehmer	verheiratet zwei Arbeitnehmer
Arbeitnehmersparzulage 10% bei Anlage von 936 DM VL p.a. auf einen Bausparvertrag	93,60	93,60	187,20
Arbeitnehmersparzulage 20% bei Anlage von 800 DM VL p.a. in Investmentfonds	160	160	320
Wohnungsbauprämie 10% bei Anlage von 1000 DM/2000 DM p.a. auf Bausparvertrag	100	200	200
max. staatliche Jahresprämie in DM	353,60	453,60	707,20
max. staatliche Jahresprämie nach 7 Jahren in DM	2315,20	3015,20	4630,40

Bei der Wohnungsbauprämie gelten höhere Einkommensgrenzen: 50000 Mark für Ledige, für Verheiratete 100000 Mark. Allerdings könnte beispielsweise ein Ehepaar mit zwei Kindern und einem Brutto-Jahreseinkommen von 120000 Mark noch in den Genuss der Wohnungsbauprämie kommen.

Wertpapiersparen, Sparvertrag oder Lebensversicherung werden übrigens nicht gefördert. Wichtigste Bedingung für die staatliche Prämie ist, dass das Geld sieben Jahre festliegen muss. Die Verträge laufen mindestens sechs Jahre, und bevor der Sparer über die angesammelte Summe verfügen kann, muss der Vertrag noch maximal ein Jahr ruhen. Dabei gelten nur wenige Ausnahmen:

- Tod oder Erwerbsunfähigkeit des Arbeitnehmers oder des Ehepartners
- Heirat – dann müssen nur zwei Jahre der Sperrzeit abgelaufen sein.
- Arbeitslosigkeit von mindestens einem Jahr
- Der Arbeitnehmer macht sich selbstständig.

Wenn man vermögenswirksame Leistungen in Anspruch nehmen will, sollte man sich zuerst an die Personalabteilung des Arbeitgebers wenden und sich danach die verschiedenen Sparformen anschauen und entscheiden. Überlegen Sie, wie viel Sie aus eigener Tasche den Angeboten des Arbeitgebers und des Staates hinzufügen wollen.

Die unterschiedlichen VL-Sparformen

Bedingung für die VL und die staatliche Unterstützung ist, dass dieses Geld in bestimmten gesetzlich festgelegten Sparformen angelegt wird.

Diese sind:

- Bausparverträge (staatlich gefördert),
- Investmentsparen (staatlich gefördert),
- Sparvertrag,
- Lebensversicherung und
- direkte Aufwendungen zum Erwerb oder Bau von Wohneigentum.
- Der Vollständigkeit halber seien noch Belegschaftsaktien sowie Geschäftsanteile, stille Beteiligungen und Kredite an den eigenen Arbeitgeber erwähnt. Wenn Ihr Arbeitgeber solche Programme bietet, lohnen sie sich – im Fall der Aktien – meist schon wegen der Abschläge vom Börsenkurs.

Bausparen

Bausparen lohnt nur, wenn Sie wirklich eine Immobilie bauen, kaufen oder modernisieren wollen und wenn Sie staatliche Zuschüsse, also Arbeitsnehmersparzulage und Wohnungsbauprämie sowie vom Arbeitgeber vermögenswirksame Leistungen erhalten. Empfehlenswert ist es also nur für diejenigen, die nicht aus den Einkommensgrenzen herausfallen. Als Geldanlage ist Bausparen nicht geeignet, denn die Verzinsung ist unattraktiv.

Investmentsparen

Nach Angaben des Bundesverbands Deutscher Investment-Gesellschaften (BVI) in Frankfurt/Main verwalteten deutsche Fondsgesellschaften in der Mitte des Jahres 2000 fast 4,3 Millionen VL-Depots mit einem Volumen von etwa fünf Milliarden Euro. Damit hat sich die Zahl der VL-Aktienfondssparer innerhalb von nur eineinhalb Jahren verdoppelt. 13 Prozent der Erwerbstätigen bauen sich mit Vermögen auf.

Mehr als 200 Fonds sind für die VL-Förderung zugelassen, von denen allerdings nur 85 aktiv betrieben werden. Nur wenige Investmentgesellschaften sind bereit, einen VL-Fonds anzubieten, denn die Verwaltung der kleinen Monatsraten ist relativ teuer.

Aktienfonds müssen über einen Aktienanteil von mindestens 70 Prozent verfügen. Seit Jahresbeginn 2000 werden außerdem die neuen Fondstypen Dachfonds und Altersvorsorge-Fonds gefördert. Lesen Sie dazu das Kapitel »Finanzprodukte im Überblick«.

Bei VL-Fonds handelt es sich grundsätzlich um Langfristanlagen. Der VL-Sparer kann die erworbenen Anteile auch nach Ablauf der Sperrfrist behalten, wenn er das Geld nicht dringend braucht. Und er sollte sie halten, wenn das angesammelte Vermögen in einer schlechten Börsenphase frei wird.

Die tatsächliche Rendite der Fonds ist ungewiss. Sie hängt von der Kursentwicklung der Aktien ab und wird durch den Ausgabeaufschlag von 3 bis 5 Prozent sowie teilweise durch Depotgebühren geschmälert. Das gilt vor allem für die zuletzt erworbenen Anteile.

VL-Aktienfonds

Stand: August 2000

Fondsgesellschaft	Fonds	Informationen
Activest	Activest Biopharma Activest GeoTech Activest TopDeutschland Activest TopEuropa Activest TopWelt Activest Welt Potential	*www.activest.de*
ADIG-INVESTMENT	ADIASIA ADI FONDS ADIG-CONVEST 21 VL ADISELEKT ADITEC ADIVERBA EuropaVision NÜRNBERGER ADIG A PLUSFONDS WELTVISION	*www.adig.de*
ALLIANZ	Allianz Aktien Europa Allianz Aktienfonds Allianz Aktien International	*www.allianz-KAG.de*
AXA Colonia	AC Deutschland AC Europa AC Welt	*www.axa-colonia.de*
BB-INVEST	BB-Deutschland-INVEST BB-Europa-INVEST	*www.bb-invest.de*
BfG INVEST	BfG Invest Aktienfonds BfG Invest EuroCompanies BfG Invest Europafonds	*www.bfg-invest.de*
BWK	BWK-Europrofil	*www.bwk.de*
CREDIT SUISSE ASSET MANAGEMENT KAG	CS Aktien Plus DEVK-SPARDA-AKTIEN-CS	*www.csam.de*

Fondsgesellschaft	**Fonds**	**Informationen**
DEKA	AriDeka DekaFonds Frankfurter-Sparinvest Deka Köln-Aktienfonds Deka LG Top Selection Naspa-Aktienfonds Deka	*www.deka.de*
DIT DEUTSCHER INVESTMENT TRUST	DIT- VERMÖGENSBIL-DUNG EUROPA INDUSTRIA THESAURUS	*www.dit.de*
DWS	DWS Deutschland.de Eurovesta investa Provesta Top 50 Europa Top 50 Welt	*www.dws.de*
FRANKEN-INVEST	SchmidtBank Aktien Deutschland FI SchmidtBank Euro-Aktien FI	*www.franken-invest.de*
FRANKFURT-TRUST	BHW Europa FT FT Euro-Eftekten-Fonds FT Europa Dynamik Fonds FT FT Frankfurt-Effekten-Fonds FT Interspezial Nürnberger Aktien Europa FT	*www.frankfurt-trust.de*
GERLING INVEST-MENT	GERLING AKTIV GERLI NG DEUTSCHLAND FONDS GERLING DYNAMIK FONDS KAPITALFONDS SPEZIAL	*www.gerling-konzern.de*

Fondsgesellschaft	**Fonds**	**Informationen**
HANSAINVEST	HANSAeffekt HANSAtop 25	*www.hansainvest.de*
MEAG KAG	MEAG-Proinvest MEAG-Eurokapital	*www.meag.com*
MK	MK ASIA-PAZIFIK MK ALFAKAPITAL MK EUROAKTIV MK INVESTORS Fonds MK PANAMERIKA	*www.mk-ag.de*
OPPENHEIM	Oppenheim Topic Global	*www.oppenheim.de*
Siemens Kapital-anlagegesellschaft	SKAG EuroInvest Aktien	*www.skag.siemens.de*
UBS INVEST	SBG Aktien Deutschland	*www.ubs.com*
UNION INVESTMENT	Citibank Invest Europa Citibank Invest International Citibank Privat Invest-Fonds-Union IGB Berlin Invest UniEuroAktien UniFonds UniGlobal	*www.union-investment.de*
VERITAS	Veri-Eurovaleur Fonds Veri-Valeur Fonds RWS-Aktienfonds-Veritase	*www.veritassg.de*
ZÜRICH INVEST	Zürich Invest Aktien Deutschland Zürich Invest Aktien Schweiz	*invest.de*

Entwicklung vermögenswirksamer Anlagen in deutschen Aktienfonds mit einer Vertragsdauer von 7 Jahren

Periode (7 Jahre)	am Ende der Periode zur Verfügung stehender Betrag in DM	jährliche Wertentwicklung nach siebenjähriger Vertragsdauer in Prozent	
		ohne Sparzulage	mit Sparzulage
1962–1968	7861,40	8,4	11,32
1963–1969	8201,99	9,47	12,28
1964–1970	6221,24	2,54	6,13
1965–1971	6654,98	4,22	7,60
1966–1972	7161,67	6,06	9,23
1967–1973	5520,70	–0,42	3,56
1968–1974	5134,24	–2,21	2,03
1969–1975	6904,38	5,14	8,41
1970–1976	6491,81	3,60	7,39
1971–1977	6822,36	4,84	8,15
1972–1978	6961,83	5,35	8,60
1973–1979	6430,50	3,36	6,85
1974–1980	6417,35	3,31	6,80
1975–1981	6222,16	2,54	6,13
1976–1982	6879,71	5,05	8,33
1977–1983	8717,32	11,02	13,68
1978–1984	9094,22	12,10	14,66
1979–1985	13705,21	22,70	24,48
1980–1986	13471,55	22,25	24,06
1981–1987	8187,40	9,43	12,24
1982–1988	8,967,63	11,74	14,34
1983–1989	10252,90	15,16	17,47
1984–1990	7615,05	7,60	10,60
1985–1991	6552,28	3,83	7,26
1986–1992	5760,87	0,63	4,47
1987–1993	7851,43	8,37	11,29
1988–1994	7033,88	5,60	8,82
1989–1995	6647,11	4,19	7,57
1990–1996	7921,40	8,59	11,49
1991–1997	10619,54	16,06	18,30
1992–1998	9966,17	14,44	16,80
1993–1999	13077,55	21,47	23,33
Durchschnitt aller Perioden	7978,99	8,78	11,66

Quelle: BVI

Wenn der Vertrag nur das vorgeschriebene siebte Jahr ruht, führt die Wertsteigerung nach Abzug der Gebühren mitunter zu unterdurchschnittlichen Renditen. Auch deshalb lohnt es sich, das Geld nicht direkt in Anspruch zu nehmen.

Investmentsparen ist attraktiv, wie die Tabelle auf Seite 189 zeigt. Hier können Sie die Beträge und Renditen – mit oder ohne Arbeitnehmersparzulage – seit 1962 ablesen.

Doch Investmentsparen mit vermögenswirksamen Leistungen kann noch mehr. Mit diesen vermeintlich kleinen Beträgen lässt sich ein großer Baustein für die Altersvorsorge schaffen.

Ein Beispiel des BVI: Wer die Arbeitgeberleistungen von 78 Mark im Monat in den vergangenen 31 Jahren in Aktienfonds anlegte und wieder investierte, bekam 282 307 Mark. Diese Berechnung basiert auf der durchschnittlichen Entwicklung von Einzahlungen in Aktienfonds mit Anlageschwerpunkt Deutschland über insgesamt 30 Jahre und berücksichtigt fondsspezifische Kosten wie Ausgabeaufschlag und Verwaltungsvergütung sowie die Wartefrist von einem Jahr des zuletzt abgeschlossenen VL-Vertrags. Hier sind die staatlichen Förderprämien von 14 825 Mark noch nicht berücksichtigt. Das Ansparen von mehreren zeitlich aufeinander folgenden Verträgen führt also zu einem kleinen Vermögen. Und wenn man 282 307 Mark zu 5 Prozent anlegt, kann man sich allein aus den Zinsen eine Zusatzrente von 1150 Mark im Monat auszahlen!

Eine aktuelle Liste der Aktienfonds, die die Voraussetzungen für die Arbeitnehmersparzulage erfüllen, ist bei folgender Adresse erhältlich:

Bundesverband Deutscher Investment-Gesellschaften e.V.
Eschenheimer Anlage 28
60318 Frankfurt/Main
Tel. 069/1540900
www.bvi.de

Belegschaftsaktien, Geschäftsanteile, stille Beteiligungen, Kredite an den eigenen Arbeitgeber

Anleger können VL-Verträge direkt mit ihren Arbeitgebern schließen. Sie kaufen dann Wertpapiere vom Unternehmen selbst oder von einer zum gleichen Konzern gehörenden Gesellschaft. Möglich sind dabei Aktien, Gewinn- und Wandelschuldverschreibungen sowie Genussscheine.

Die übliche Form ist der Erwerb von Belegschaftsaktien zu Vorzugspreisen. Ein Ratensparvertrag ist jedoch nicht möglich: Man muss den Arbeitgeber jedes Mal neu beauftragen, Belegschaftsaktien zu übertragen. Der Kaufpreis wird dann mit den vermögenswirksamen Leistungen verrechnet. Belegschaftsaktien sind fast immer ein gutes Geschäft, denn ihr Preis liegt deutlich unter dem aktuellen Börsenkurs. Außerdem ist der Rabatt bis zu 300 Mark je Kalenderjahr steuerfrei.

Zudem ist es möglich, dass sich der Arbeitnehmer über einen Beteiligungsvertrag am Unternehmen des Arbeitgebers oder an einem dritten Unternehmen beteiligt. Mit dem eigenen Arbeitgeber kann der Anleger Beteiligungsverträge über den Erwerb eines Geschäftsguthabens einer Genossenschaft oder eines Anteils an einer Gesellschaft mit beschränkter Haftung abschließen. Er kann sich auch als stiller Gesellschafter beteiligen. Wegen häufigen Missbrauchs durch unseriöse Anbieter ist die Beteiligung an Drittunternehmen mittlerweile nur noch eingeschränkt möglich. Der Kreis ist beschränkt auf länger bestehende Wohnungsbaugenossenschaften, genossenschaftliche Kreditinstitute sowie Gesellschaften und Genossenschaften, die mit dem Unternehmen des Arbeitgebers verbunden oder an ihm beteiligt sind.

Prämiensparverträge

Speziell für die VL-Leistungen bieten Banken und Sparkassen Ratensparverträge mit festem Zinssatz an: Man zahlt sechs Jahre lang eine monatliche Rate von 78 Mark ein. Dann liegt der Betrag noch ein Jahr lang fest. Danach erhält man – allerdings nur für die eingezahlten

Beträge, nicht für Zinsen und Zinseszinsen – den Bonus der Bank und kann über das Geld verfügen.

Größter Nachteil der Sparpläne ist, dass es für sie keine staatliche Arbeitnehmersparzulage mehr gibt. Sie haben aber auch einen Vorteil: Notfalls kann man den Vertrag vorzeitig kündigen, kommt dann allerdings nicht in den Genuss des Bonus.

Lebensversicherung

An den Abschluss einer vermögenswirksamen Kapitallebensversicherung knüpft der Gesetzgeber eine Reihe von Bedingungen. Der Vertrag darf keine Zusatzversicherungen für Unfall, Invalidität oder Krankheit enthalten, muss über mindestens zwölf Jahre abgeschlossen werden, und die Versicherungsprämien müssen laufend gezahlt werden, meist monatlich. Doch der Gesetzgeber hat zum Vorteil für den Verbraucher festgelegt, dass er bei einer Kündigung nach einem Jahr mindestens 50 Prozent seiner Einzahlungen als so genannten Rückkaufswert zurückbekommt.

Direkte Aufwendungen zum Erwerb oder Bau von Wohneigentum

Vermögenswirksame Leistungen dürfen auch zur Tilgung von Hypothekenschulden oder für Zinszahlungen verwendet werden, die dem Erwerb von selbstgenutztem Wohneigentum dienen. Zwar gibt es darauf keine Arbeitnehmersparzulage, aber wer ohnehin darauf verzichten muss, braucht sich nicht mit den anderen, oft nur mager verzinsten Formen abzugeben. Die Tilgung von Schulden bringt fast immer die höchste Rendite.

So kommen Sie zu vermögenswirksamen Leistungen und Arbeitnehmersparzulage

Haben Sie sich für eine Form der vermögenswirksamen Geldanlage entschieden, schließen Sie mit dem jeweiligen Anlageinstitut einen Vertrag ab. Dies geschieht mithilfe eines Formulars, mit dem gleichzeitig der Arbeitgeber beauftragt wird, die vermögenswirksamen Leistungen zu überweisen. Entweder schickt das Anlageinstitut dieses Formular direkt an Ihren Arbeitgeber oder Sie geben es persönlich ab.

Im zweiten Schritt beantragen Sie die Festsetzung der Arbeitnehmersparzulage beim Finanzamt. Benutzen Sie dafür den Vordruck für die Einkommensteuer. Das Institut, bei dem Sie Ihr Geld angelegt haben, bescheinigt Ihnen die Höhe der zulagenbegünstigten vermögenswirksamen Leistungen und die Sperrfrist. Diese Bescheinigung legen Sie Ihrem Antrag bei. Das Finanzamt setzt daraufhin die Zulage jedes Jahr nachträglich fest und zahlt sie nach dem Ende der Sperrfrist in einem Betrag aus.

10
Steuerliche Aspekte

Das Finanzamt hält für Geldanleger zwei Steuern bereit: die Zinsabschlagsteuer und die Steuer auf Spekulationsgewinne.

Die Zinsabschlagsteuer betrifft die folgenden in diesem Buch beschriebenen Finanzprodukte:

- Banksparpläne
- Pfandbriefe
- Bundesschatzbriefe
- Rentenfonds
- Mischfonds wie Altersvorsorge-Fonds
- Bausparverträge

Von der Steuer auf Spekulationsgewinne betroffen sind die folgenden in diesem Buch beschriebenen Finanzprodukte:

- reine Aktienfonds
- Mischfonds wie Altersvorsorge-Fonds
- Zertifikate

Außerdem sollte man wissen, dass bei Lebensversicherungen die Erträge aus Zinsen und Überschussanteilen erst nach zwölf Jahren steuerfrei sind. Vor Ablauf dieser Frist müssen sie als Einkünfte aus Kapitalvermögen versteuert werden.

Im Folgenden sollen nun die einzelnen Steuern und ihre Vermeidung besprochen werden. Im Anschluss daran erhalten Sie Steuerinformationen zu den jeweiligen Finanzprodukten.

Zinsbesteuerung

Seit Januar 1993 werden Zinsen auf Kapitalvermögen pauschal mit 30 Prozent Zinsabschlagsteuer belegt, dem Steuersatz für private Zinserträge. Die Banken behalten die Steuer direkt ein und führen sie an das Finanzamt ab. Bei so genannten Tafelgeschäften, bei denen der Kunde selbst das Wertpapier aufbewahrt und Zins- und Dividendenscheine an der Kasse bar einlöst, müssen sogar 35 Prozent Zinsabschlagsteuer gezahlt werden, bei Dividenden auf Aktien, Erträgen aus Genussscheinen und Wandelanleihen 25 Prozent. Dazu kommt seit 1995 noch der Solidaritätszuschlag.

Zinsbesteuerung ist verfassungsgemäß

Nach Auffassung des Bundesfinanzhofes verstößt die 1993 neu geregelte Besteuerung von Zinseinkünften nicht gegen das Grundgesetz. Sein Urteil vom 15. Dezember 1998 bestätigt die frühere Bundestagsmehrheit aus CDU/CSU und FDP in ihrer Rechtsauffassung.

Diese Steuern auf Kapitalerträge sind Teil der Einkommensteuer. § 20 des Einkommensteuergesetzes klärt auf: Zu Einkünften aus Kapitalvermögen gehören unter anderem Zinseinnahmen aus Guthaben und Einlagen bei Geldinstituten sowie Dividenden. Diese Einnahmen sind bei der Einkommensteuererklärung auf der Anlage KSO anzugeben.

Sparerfreibetrag

Im Jahr 2000 wurde der Sparerfreibetrag auf 3000 Mark halbiert. Dieser Betrag gilt pro Person. Überschreitet man ihn, werden die weiteren Kapitaleinkünfte nicht einfach nur mit 30 Prozent pauschal besteuert, sondern es gilt der persönliche Steuersatz jedes Einzelnen.

Vor 2000 waren etwa 80 Prozent der Sparer weit davon entfernt, ihren Freibetrag zu übertreffen. Durch die Halbierung veränderte sich

Werbungskostenpauschbetrag bleibt unverändert

Werbungskosten – 100 Mark bei Ledigen und 200 Mark bei Verheirateten – erkennt der Fiskus freiwillig an. Das sind die Summen, die immer zu dem jeweiligen Sparerfreibetrag dazugenannt werden.
Doch die meisten Kapitalanleger haben höhere Werbungskosten. Überprüfen Sie doch einmal Ihre Depotgebühren, die Mietkosten Ihrer Schließfächer, bedenken Sie die Telefonkosten für die Geldanlage, die Ausgaben für Fach- und Wirtschaftszeit-schriften oder -zeitungen, Börsenliteratur und -software und nicht zuletzt die Besuche von Hauptversammlungen. Absetzbar sind nachgewiesene Werbungskosten, also sammeln Sie fleißig Belege. Auch absetzbar: Die Kosten für dieses Buch.

das schlagartig. Nur noch jeder Dritte dürfte seine Zinseinnahmen jetzt steuerfrei kassieren, es kann auch für Kleinanleger eng werden. Beispielsweise bei Wertpapieren, bei denen die gesamten Zinsen einmal zum Laufzeitende ausgeschüttet werden, wie beim Bundesschatzbrief Typ B mit siebenjähriger Laufzeit und Zinsansammlung. 10000 Mark, im Sommer 1993 angelegt, erzielen sieben Jahre später 5870 Mark Zinsen. Der Sparer muss also 2770 Mark versteuern – und der Finanzminister kann sich freuen.

Diese Beträge können Sie steuerfrei anlegen

Zinssatz	Ledige	Verheiratete
3%	103333	206667
4%	77500	155000
5%	62000	124000
6%	51666	103333
7%	44285	88571
8%	38750	77500
9%	34444	68888

So lesen Sie die Tabelle: Ein Ehepaar erzielt für sein Erspartes einen durchschnittlichen Zins von 6 Prozent. Damit kann es ein Kapital von 103333 Mark anlegen, ohne Einkommensteuer auf die anfallenden Zinserträge zahlen zu müssen.

Die Tabelle auf Seite 196 zeigt, wie viel Ledige und Verheiratete noch zu welchen Zinsen anlegen dürfen, um gerade unter der Freibetragsgrenze zu bleiben.

Freistellungsauftrag

Durch einen so genannten Freistellungsauftrag, den jeder bei seiner Bank oder Sparkasse kostenlos erhält, stellt man sicher, dass auf Kapitalerträge bis zur Höhe des Sparerfreibetrags keine Steuern abgeführt werden. Grundsätzlich ist das Erteilen, Ändern, Widerrufen solcher Aufträge unentgeltlich. Nur in Spezialfällen, beispielsweise wenn man den Freistellungsauftrag nachträglich einreicht, wird bei manchen Banken eine Gebühr erhoben.

Haben Sie alle Ihre Geldanlagen bei einer einzigen Bank, dann füllen Sie nur einen zeitlich unbegrenzten Freistellungsauftrag in Höhe des Sparerfreibetrags aus. Sollte danach eine Geldinvestition dazukommen, müssen Sie bei der neuen Bank ebenso einen Freistellungsauftrag abgeben und – nicht vergessen – den alten ändern.

Die Freistellungsaufträge behalten auch nach der Euro-Umstellung ihre Gültigkeit. Die Banken und Finanzpartner rechnen die jeweiligen Beträge nach dem offiziellen Umrechnungskurs um.

Gewöhnlich hat man aber mehrere Kapitalanlagen bei verschiedenen Geldhäusern – hier einen Sparvertrag, da einen Bausparvertrag und vielleicht ein Konto bei der Bundesschuldenverwaltung. Dann müssen Sie bei jeder Adresse einen Freistellungsauftrag mit einem Teilbetrag einreichen. Die Summe der erteilten Aufträge darf den Sparerfreibetrag nicht überschreiten.

Da kann der Überblick schnell mal verloren gehen. Erstellen Sie anhand der aktuellen Depotauszüge eine Liste aller Wertpapiere mit dem jeweiligen Zinstermin und der Endfälligkeit des Papiers. Ermitteln Sie die Kapitalerträge in 2001, 2002 und den folgenden Jahren. Dann wissen Sie, in welchem Jahr noch Spielraum bis zur steuerfreien Höchstgrenze vorhanden ist und wann der Freibetrag überschritten werden wird. Besonders bei Bundesschatzbriefen Typ B und vergleichbaren Bankprodukten sollten Sie den Zinsertrag, der für die gesamte Laufzeit am Ende ausgeschüttet wird, im Auge behalten. Planen Sie diese Anlageformen nach Möglichkeit so, dass sie in weniger steuerintensiven Zeiten ausgeschüttet werden: in der Rentenzeit oder bei Familien, wenn statt beider Elternteile nur noch einer arbeitet. Es kann sogar sinnvoll sein, manche Geldanlagen vorzeitig zu verkaufen. Lassen Sie sich dabei von den Beratern der Banken oder der Bundesschuldenverwaltung helfen und errechnen Sie die für Sie günstigere Alternative.

Sie finden hier einen Vorschlag, wie Sie sich mit einer selbst gebastelten Liste helfen können. Dazu sollten Sie überschlägig abschätzen, was bei den einzelnen Banken in den einzelnen Jahren voraussichtlich an Zinsen oder Dividenden zu erwarten ist. Wenn Sie sich verkalkuliert haben, müssen Sie lediglich den entsprechenden Freistellungsauftrag abändern.

Arbeitsblatt

Kreditinstitut	**Geldanlage**	**Geschätzte Zinsen und Dividenden für 2001**	**Höhe des Freistellungsauftrages**
Bank A			
Bundesschuldenverwaltung			
Investmentgesellschaft			
Bank B			

Summe
(sollte 3 100 DM bzw. 6 200 DM nicht überschreiten)

Weiterhin zu beachten bei Freistellungsaufträgen: Ehepaare, die steuerlich gemeinsam veranlagt werden, müssen ihre Freistellungsaufträge auch gemeinsam erteilen. Und das für getrennte und gemeinsame Konten. Nicht verheiratete Paare werden dagegen steuerlich wie

Singles behandelt. Auch für Konten minderjähriger Kinder sind Freistellungsaufträge notwendig.

Nichtveranlagungsbescheinigung

Es gibt einen weiteren Weg, um Zinsabschlagsteuer – für eine bestimmte Zeitspanne – zu vermeiden. Das ist dann möglich, wenn man nicht zur Einkommensteuer veranlagt werden kann. Das Jahreseinkommen muss dafür auch unter Berücksichtigung aller Einnahmen und Kapitalerträge niedrig sein – für Ledige in 2000 unter 16707 Mark, für Ehepaare gilt das Doppelte. Wenn man diese Voraussetzung erfüllt, kann man sich vom Finanzamt eine drei Jahre gültige Nichtveranlagungsbescheinigung ausstellen lassen. Die Geldinstitute zahlen dann alle Kapitalerträge ohne Steuerabzug aus. Für jede Bankverbindung wird übrigens eine eigene Bescheinigung benötigt.

Die Einkommensgrenzen für die Nichtveranlagungsbescheinigung

	Ledige	Ehepaare
Grundfreibetrag in 2000 (steuerfreies Existenzminimum)	13499	26998
Sparerfreibetrag	3000	6000
Werbungskostenpauschbetrag	100	200
Sonderausgabenpauschbetrag	108	216
Insgesamt	16707	33414

Wenn Sie über den Sparerfreibetrag hinauskommen, können Sie gegebenenfalls Steuern vermeiden, indem Sie Vermögensteile auf Ihre Kinder übertragen, die noch kein eigenes Einkommen beziehen. Diese können dann Zins- und Dividendeneinnahmen ohne Steuerabzug und ohne Steuererklärung kassieren.

Zu beachten ist allerdings, dass Zinsen und Dividenden aus den übertragenen Papieren auf ein gesondertes Konto des Kindes fließen müssen. Außerdem dürfen sie nicht für dessen Unterhalt verwendet werden.

Spekulationsgewinne

Auch bei Börsengeschäften gab es mit der neuen Bundesregierung einschneidende Neuerungen: Die so genannte Spekulationsfrist wurde von sechs auf zwölf Monate verlängert. Somit sind Gewinne aus dem Verkauf von Aktien und Investmentfonds steuerpflichtig, wenn zwischen An- und Verkauf nicht mehr als ein Jahr liegt.

Wer aber Aktien, Fondsanteile, Devisen, Optionsscheine nach zwölf Monaten verkauft – es ist ratsam, auf den Kalender zu schauen –, der kann die Kursgewinne zu 100 Prozent einstreichen. Diese Regelung dürfte für die meisten privaten Anleger kein Problem darstellen. Ist es doch bei einer konservativen und sicherheitsbewussten Anlagementalität immer empfehlenswert, die Direktanlage in Aktien wie auch Investmentfonds als mittel- bis langfristige Anlageform zu betrachten.

Außerdem gilt eine Freigrenze von 999 Mark pro Person und Jahr. Wenn die Summe der Spekulationsgewinne diesen Betrag nicht überschreitet, sind die Kursgewinne steuerfrei. Verdient der Anleger durch seine Börsenspekulation nur eine Mark mehr, muss er den gesamten Gewinn versteuern, und zwar nach dem individuellen Steuersatz.

Trotz verlängerter Spekulationsfrist dürfte es für Privatanleger möglich sein, Spielräume durch (vorzeitige) Verkäufe zu nutzen. Führt der Ehepartner ein eigenes Depot, verdoppeln sich die Möglichkeiten.

Besitzer von Investmentfonds sind bei der Steuerreform noch einmal davongekommen. Denn ursprünglich wollte die Bundesregierung Gewinne und Erlöse der Fonds besteuern. Nun gilt für die Anlage in Investmentfonds eine Spekulationsfrist von zwölf Monaten, in der vom Investmentsparer erzielte Kursgewinne aus dem Verkauf von Fondsanteilen steuerpflichtig sind. Dabei ist auch der oben genannte Freibetrag von 1 000 Mark gültig.

Aber aufgepasst: Der im jährlich ausgeschütteten oder wieder angelegten Fondsertrag enthaltene Dividendenanteil wird mit Kapitalertragsteuer belegt, wenn der Anleger keinen Freistellungsauftrag und keine Nichtveranlagungsbescheinigung beim depotführenden Institut vorlegt.

Ein Kapitel für sich: die Dividendenbesteuerung

Die meisten Erträge bei Aktien und Aktienfonds speisen sich (hoffentlich) aus Kursgewinnen. Doch auch die Dividenden tragen zu den Gewinnen der Aktionäre bei. Im Zuge der Unternehmenssteuerreform wurde nun die Definitivbesteuerung der Kapitalgesellschaften eingeführt. Für die Aktionäre bedeutet dies, dass ab 2002 stets die Hälfte der Dividende im Rahmen des Gesamteinkommens versteuert werden muss. Die Vorgehensweise, Halb-Einkünfteverfahren genannt, belastet vor allem Anleger mit geringeren Steuersätzen. Das Deutsche Aktieninstitut errechnete, dass besonders Haushalte mit einem Steuersatz von 40 Prozent oder weniger schlechter gestellt werden. Dagegen führt die neue Dividendenbesteuerung bei höheren Steuersätzen und sehr hohen Einkünften zu deutlichen Entlastungen. Nach Auffassung des Deutschen Aktieninstituts dürfte es die erhofften Steuereinsparungen deshalb nicht geben.

Beispiel:
Herr Aktionär hat in seinem Depot Aktien für 32000 Mark. Die Summe der jährlichen Dividendenzahlungen beträgt 1 000 Mark. Der individuelle Steuersatz von Herrn Aktionär beläuft sich auf 30 Prozent.
Nun führt die Aktiengesellschaft eine Körperschaftsteuer von 25 Prozent ab. Das sind 250 Mark. Herr Aktionär erhält eine Auszahlung von 750 Mark. Die Hälfte davon muss mit dem individuellen Steuersatz von 30 Prozent versteuert werden. Dadurch werden weitere 112,50 Mark abgezogen. Herr Aktionär erhält tatsächlich nur 637, 50 Mark. Das entspricht einer Steuerbelastung von 36,25 Prozent.

Grundsätzlich bekommen Investmentanleger eine Steuerinformation. Die Ausschüttungsbescheinigung informiert, welche Anteile am Fonds steuerpflichtig sind. Sie sollte dem Finanzamt vorgelegt werden.

Geld und Finanzamt

Früher reichte die Mitteilung über die Höhe des gestellten Freistellungsauftrages, also eigentlich eine Kopie des Auftrages. Mehr mussten die Banken dem Fiskus über die Zinseinnahmen ihrer Kunden nicht mitteilen. Da konnten schon mal Lücken in der Information an das Finanzamt entstehen.

Beispiel A: Single A reichte bei seinem Geldinstitut einen Freistellungsauftrag mit einem Volumen von 5 000 Mark ein. Eingenommen hat er aber 7000 Mark an Kapitalerträgen. In der Meldung an das Bundesamt für Finanzen erschien nur der Betrag von 5 000 Mark.

Mittlerweile sind die Zeiten härter. Es gilt ein neues Meldeverfahren bei den Freistellungsaufträgen. Seit 1999 müssen die Kreditinstitute den exakt beanspruchten Teil der Zinsfreistellungsaufträge mitteilen, also die Beträge, die sie pro Freistellungsauftrag gutgeschrieben haben. Maximal ist dem Bundesamt für Finanzen das erteilte Freistellungsvolumen zu melden. Damit weiß das Finanzamt, wie weit der Anleger seinen Freistellungsauftrag in Anspruch genommen hat.

Beispiel B: Single B hat ein Wertpapierdepot bei der Sparkasse und einen Freistellungsantrag über 3 100 Mark abgegeben. Seine Einnahmen liegen allerdings bei 4200 Mark. Nun muss die Sparkasse die Steuerwächter darüber informieren, dass der Betrag mit 3 100 Mark vollständig ausgeschöpft wurde.

Wer zu hohe Freistellungsaufträge bei mehreren Banken erteilt hat, war auch schon früher erkennbar und wurde schriftlich aufgefordert, die überschießende Antragssumme zurückzunehmen.

Der Fiskus weiß nun allerdings genauer, wer dem Sparerfreibetrag nahe kommt. Kommen dann zwei Meldungen ähnlich wie im Beispiel B zusammen, kann der Finanzbeamte seine Rückschlüsse ziehen. Die über den Sparerfreibetrag eingenommenen Zinsen werden zwar nicht gemeldet, aber das Finanzamt schöpft Verdacht, wenn jemand seinen Sparerfreibetrag voll ausschöpft. Dann liegt die Vermutung nahe, dass der Sparer noch mehr bekommen hat, und das Finanzamt erbittet einen Beleg über die Zinsgutschrift(en). Damit der Sparer auch keine Bankverbindung vergisst, bekommt er eine Liste seiner Banken und die freigestellten Summen.

Die einfache Nachfrage des Finanzamtes nach Freistellungsaufträgen ist noch nicht der Beginn eines strafrechtlichen Verfahrens. In diesem Stadium können vom Anleger noch alle Fehler korrigiert werden. Es ist ratsam, Fehler zuzugeben und Steuern nachzuzahlen, zuzüglich 0,5 Prozent Zinsen pro Monat. Für schwere Geschütze wie Außenprüfung oder Steuerfahndung müssen konkrete schwer wiegende Anhaltspunkte vorliegen.

Prinzipiell ist mit der Meldepflicht dem Finanzamt kein neues Instrument in die Hand gegeben. Es verfügt damit nicht über Angaben von Spekulationsgewinnen, auch ist kein Rückschluss auf Aktienbesitz oder eigentliches Kapitalvermögen möglich. Die Banken zahlen die Kapitalertragsteuer an den Fiskus, ohne den Kunden zu nennen.

Allerdings scheinen Aktienbesitzer trotz Börsenbooms und einer Verlängerung der Haltefrist von einem halben auf ein ganzes Jahr kaum jemals in Steuererklärungen ihre privaten Veräußerungsgewinne anzugeben, die beim Verkauf von Anteilsscheinen innerhalb eines Jahres angefallen sind. Die Staatssekretärin im Bundesfinanzministerium, Barbara Hendricks, hat einer Schätzung der Steuerverluste in Höhe von mehreren Milliarden Mark nicht widersprochen.

Aber der Fiskus wird dem nicht tatenlos zusehen. Er schreckte die Finanzbranche durch eine Betriebsprüfung beim westfälischen Wertpapierhändler Ahag auf. Die Finanzbeamten kontrollierten nicht nur wie üblich die Buchführung, sondern werteten zudem systematisch die Kundenkartei aus. Anschließend verschickten sie Kontrollmitteilungen an ihre Kollegen in den Finanzämtern am jeweiligen Wohnsitz der Wertpapierkäufer.

Solche Kontrollen könnten Schule machen. Dazu beigetragen hat auch ein Urteil des Finanzgerichts Münster, das in einer rechtskräftigen Entscheidung vom 7. Dezember 1999 das Bankgeheimnis beschnitt, indem es so genannte Sammelauskunftsersuchen an Geldinstitute »ohne wesentliche Voraussetzungen« zugelassen hat. Das bedeutet, dass schon Erkenntnisse aus allgemeinen Publikationen, aus parallelen Fahndungsprüfungen oder aus Selbstanzeigen von Kunden solche Anfragen erlauben.

Die Zukunft verheißt den Finanzbeamten noch weitere Einblicke. Die Europäische Union plant im Zuge einer Steuerharmonisierung zusätzliche Kontrollmöglichkeiten für den Fiskus. Außerdem müssen Geldinstitute ab 2001 bei ihren Meldungen an das Bundesamt für Finanzen aufschlüsseln, wie viele Kapitalerträge auf Dividenden entfallen – ein Fingerzeig für den Aktienbesitz des jeweiligen Anlegers.

Steuerinformationen zu den einzelnen Finanzprodukten

Banksparpläne Wenn man im Jahr der Bonuszahlung den Freibetrag überschreitet, lohnt sich die Anlage in Banksparpläne nicht. Sollten Sie allerdings darunter liegen, können Sie aus steuerlicher Sicht zur Tat schreiten.

Pfandbriefe Eigentlich verlieren festverzinsliche Wertpapiere durch den gesenkten Sparerfreibetrag an Attraktivität. Wer diesen Freibetrag für die nächsten Jahre schon voll ausgeschöpft hat oder nahe dran ist, sollte in andere Geldanlagen ausweichen oder festverzinsliche Wertpapiere unter Ausgabepreis kaufen. Der Gewinn durch die Differenz zum Nennwert (den man bei Fälligkeit erhält) bleibt steuerfrei, solange er unter 6 % liegt.

Bundesschatzbriefe Die geringen Zinsunterschiede sollten keine Rolle bei der Entscheidung für Variante A oder B spielen. Entscheidend sind dagegen Ihre persönlichen steuerlichen Bedingungen. Ab 2000 dürfte deswegen für die meisten Typ A empfehlenswert sein, der die Zinsen jährlich ausschüttet.

Beim Typ B kann man nämlich sogar mit nur einer 10 000-Mark-Anlage schon über den Freibetrag hinausschießen, weil die Zinsen erst am Ende der siebenjährigen Laufzeit überwiesen werden. Typ B ist dann eine gute Empfehlung, wenn die Erträge in eine Zeit mit niedrigen Einnahmen fallen. Das könnten beispielsweise Ruhestand oder Familienphase mit nur einem Gehalt und niedriger Steuerlast sein.

Aktienfonds Kursgewinne in Aktienfonds sind nach einer Anlagedauer von zwölf Monaten steuerfrei. Jeder Depotinhaber darf außerdem Spekulationsgewinne bis zu 1 000 Mark im Jahr einstreichen. Zu versteuern sind dann allenfalls die Dividenden, die etwa 2 bis 4 Prozent des Kurswertes betragen. Damit sind Aktienfonds die steuergünstigsten Fonds.

Altersvorsorgefonds Es kommt auf die Mischung an. Altersvorsorgefonds legen ja in verschiedene Wertpapiere oder Sachwerte an, die steuerlich unterschiedlich gehandhabt werden.

Am steuergünstigsten sind sicherlich AS-Fonds mit großem Aktienanteil.

Genaue Informationen über Ihren speziellen Fonds erhalten Sie von Ihrer Investmentgesellschaft, spätestens mit der jährlichen Ausschüttungsbescheinigung. Diese weist genau aus, welche Anteile des Ausschüttungsbetrages aus dem Fonds steuerpflichtig sind und welche nicht. Die Ausschüttungsbeträge sind übrigens auch bei thesaurierenden Fonds, die diese Gelder sofort wieder zum Erwerb weiterer Anteile verwenden, jährlich zu versteuern.

Dachfonds Jeder Dachfonds investiert in verschiedene Unterfonds, die unterschiedlich steuergünstig sind. Am steuergünstigsten sind Dachfonds mit überwiegendem Aktienfondsanteil.

Bevor Sie in einen Dachfonds einsteigen, lassen Sie sich darüber aufklären, wie sich der Fonds auf Ihren Steuerfreibetrag auswirkt. Am Jahresende erhalten Sie als Inhaber von Anteilen eines Wertpapierfonds eine spezielle Ausschüttungsbescheinigung. Diese weist genau aus, welche Anteile des Ausschüttungsbetrages aus dem Fonds steuerpflichtig sind und welche nicht. Die Ausschüttungsbeträge sind übrigens auch bei thesaurierenden Fonds, die diese Gelder sofort wieder zum Erwerb weiterer Anteile verwenden, jährlich zu versteuern.

Offene Immobilienfonds Mittelmäßig steuergünstig. Ein Großteil der Erträge offener Immobilienfonds besteht aus Wertsteigerungen der Immobilien. Deswegen liegt der steuerpflichtige Anteil etwa bei 40 Prozent.

Genaue Informationen über Ihren speziellen Fonds erhalten Sie von Ihrer Investmentgesellschaft, spätestens mit der jährlichen Ausschüttungsbescheinigung. Diese weist genau aus, welche Anteile des

Ausschüttungsbetrages aus dem Fonds steuerpflichtig sind und welche nicht. Die Ausschüttungsbeträge sind übrigens auch bei thesaurierenden Fonds, die diese Gelder sofort wieder zum Erwerb weiterer Anteile verwenden, jährlich zu versteuern.

Indexnahe Fonds Meistens orientieren sich deutsche indexnahe Fonds am DAX. Damit gilt für diese Fondsart das Gleiche wie für Aktienfonds: Kursgewinne sind nach einer Anlagedauer von zwölf Monaten steuerfrei, ebenso Spekulationsgewinne bis zu 1 000 Mark pro Jahr und Depotinhaber.

Rentenfonds Anleger sollten ihre Fondsstrategie ausgehend vom Sparerfreibetrag aufbauen. Ist er noch nicht ausgeschöpft, kann noch in Rentenfonds investiert werden, denn deren Erträge bestehen fast ausschließlich aus Zinsen, und die sind voll zu versteuern.

Vergessen Sie nicht, der depotführenden Stelle einen Freistellungsauftrag zu erteilen, sonst müssen die steuerpflichtigen Erträge des Fonds als Einkünfte aus Kapitalvermögen dem Finanzamt gemeldet werden. Dazu stellt die Investmentgesellschaft eine Steuerbescheinigung aus, die der Steuererklärung beifügt werden sollte.

Liegen Sie oberhalb der Freibeträge, sollten Sie aus steuerlichen Gründen offene Immobilienfonds oder Aktienfonds bevorzugen.

Index-Zertifikate Vorteilhaft und ein echtes Argument für Zertifikate ist die steuerliche Behandlung, denn sie sind steuerrechtlich gesehen keine Zinsanlagen. Das ist gut für Anleger, die ihren Sparerfreibetrag vollständig ausgeschöpft haben. Zertifikate gelten als Aktiengeschäfte. Etwaige Kursgewinne sind steuerfrei, wenn die zwölfmonatige Spekulationsfrist eingehalten wird. Außerdem gibt es bei Zertifikaten keine Einnahmen aus Dividenden wie beim traditionellen Aktienbesitz. Deshalb müssen sie auch nicht als Einkünfte aus Kapitalvermögen versteuert werden.

Discount-Zertifikate Kursgewinne sind bei beiden Zertifikatmodellen steuerfrei, wenn die zwölfmonatige Spekulationsfrist eingehalten wird. Da es aber bei Zertifikaten keine Einnahmen aus Dividenden wie beim traditionellen Aktienbesitz gibt, ist diese Einkunftsart hier auch nicht steuerlich relevant.

Kapitallebensversicherungen Steuerfrei lassen sich die Erträge aus Kapitallebensversicherungen vereinnahmen, wenn die Laufzeit des Versicherungsvertrages mindestens zwölf Jahre beträgt. Interessant ist diese Anlageform deshalb vor allem dann, wenn Sie Ihren Sparerfreibetrag schon überschritten haben.

Die Prämien für Lebensversicherungen können im Rahmen des Sonderausgabenabzuges als Vorsorgeaufwendungen abgesetzt werden. Allerdings ist der hier gültige Höchstbetrag bei Arbeitern und Angestellten in der Regel durch die Arbeitnehmeranteile zur Sozialversicherung voll ausgeschöpft, sodass ein weiterer Abzug von Versicherungsbeiträgen nicht mehr möglich ist. Anders ist die Situation bei Selbstständigen oder Beamten, die nicht sozialversicherungspflichtig sind. Sie können Lebensversicherungsbeiträge meist zumindest teilweise steuerlich geltend machen.

Fondsgebunde Lebensversicherungen Obwohl eine Fondspolice nur eine Kombination eines Investmentfonds-Sparvertrages plus einer Risikolebensversicherung ist, gelten hier die gleichen steuerlichen Grundsätze wie bei einer Kapitallebensversicherung.

Direktversicherungen Ein echtes Steuergeschenk – verpassen Sie diese Chance nicht. Interessant ist die Direktversicherung, weil Lohn- oder Gehaltsteile bis maximal 3 408 Mark jährlich nur mit einem Pauschalsatz von 20 Prozent versteuert werden. Dazu kommen noch Solidaritätszuschlag und eventuell Kirchensteuer.

Private Rentenversicherung Die Privatrente ist trotz des Steuerprivilegs der Lebensversicherungen nicht wirklich steuerfrei sondern ebenso wie die gesetzlichen Rentenzahlungen über den so genannten Ertragsanteil begrenzt steuerpflichtig. Dabei gilt: Je älter der Rentner bei Rentenbeginn, desto niedriger der Ertragsanteil und damit die Steuerlast. Wer mit 65 in den Ruhestand geht, bekommt 27 Prozent seiner Jahresrente besteuert. Gönnt sich jemand schon mit 60 Jahren den Ruhestand, muss er 32 Prozent versteuern.

Ebenso wie bei Lebensversicherungen können Prämien der privaten Rentenversicherungen als Vorsorgeaufwendungen vom Bruttoeinkommen abgesetzt und damit Steuern gespart werden. Allerdings ist dieser Sonderausgabenabzug auf einen Höchstbetrag beschränkt, der bei Arbeitern und Angestellten in der Regel durch die Arbeitnehmeranteile zur Sozialversicherung voll ausgeschöpft wird. Viele Selbstständige oder Beamte, die nicht sozialversicherungspflichtig sind, können private Rentenversicherungsbeiträge hingegen zumindest teilweise steuerlich geltend machen.

Anhang

Die verschiedenen Finanzprodukte auf einen Blick

Finanzprodukt	Sicherheit*	Rendite	Risiko**	Flexibilität
Banksparpläne	hoch	mittel	–	gering
Bundesschatzbriefe	hoch	mittel	–	hoch
Pfandbriefe	hoch	mittel	gering	mittel
Aktienfonds	mittel	hoch	hoch	hoch
Altersvorsorgefonds	mittel	mittel	mittel	mittel
Dachfonds	mittel	mittel	hoch	hoch
Offene Immobilienfonds	mittel	gering	mittel	hoch
Indexnahe Fonds	mittel	mittel	hoch	hoch
Rentenfonds	mittel	gering	gering	hoch
Index-Zertifikate	mittel	hoch	mittel	hoch
Discount-Zertifikate	mittel	mittel	mittel	hoch
Bausparen	hoch	gering	–	gering
Kapitallebens-versicherung	hoch	mittel	–	gering
Fondsgebundene Lebensversicherung	mittel	mittel	–	gering
Direktversicherung	hoch	hoch	–	gering
Rentenversicherung	hoch	mittel	–	gering

* Sicherheit in Bezug auf die Gefahr des Verlusts der eingezahlten Gelder und der erzielten Gewinne.

** Risiko bedeutet hier die Gefahr von Gewinnschwankungen je nach Börsenphase.

Kosten	Arbeits-aufwand	Steueraspekt	In welchem Lebensalter wichtig?	empfeh-lenswert?
gering	mittel	auf Freibetrag achten	20–40	bedingt
keine	gering	auf Freibetrag achten	20–60	sehr
mittel	gering	auf Freibetrag achten	20–60	sehr
hoch	mittel	interessant	20–50	sehr
hoch	mittel	abhängig von Zusammen-setzung	20–50	sehr
hoch	gering	abhängig von Zusammen-setzung	20–50	sehr
hoch	gering	beachtenswert	50–60	bedingt
hoch	gering	interessant	20–50	sehr
hoch	mittel	auf Freibetrag achten	20–60	bedingt
mittel	mittel	interessant	20–50	bedingt
mittel	mittel	interessant	20–50	bedingt
hoch	hoch	entfällt	20–40	weniger
hoch	mittel	nach 12 Jahren interessant	30–40	bedingt
hoch	mittel	nach 12 Jahren interessant	30–40	weniger
gering	gering	interessant	30–40	sehr
hoch	gering	interessant	30–40/ ab 60	bedingt

Register

Geld richtig anlegen

Sabine Theadora Ruh
Schluss mit dem Geldverschenken
Die richtige Bank. Das günstigste Konto.
Der beste Berater. Die lukrativste Anlage.
Der optimale Kredit.
2000. 260 Seiten
ISBN 3-593-36394-1

Parken auch Sie Ersparnisse auf Ihrem Girokonto, obwohl Sie wissen, dass diese dort nicht hingehören? Dieser praktische Ratgeber zeigt, wie man sich einen schnellen Überblick über seine Finanzen verschafft und Sparpotenziale optimal nutzt. Angefangen beim gebührenpflichtigen Girokonto, über Sinn und Unsinn von Kredit- und Kundenkarten bis hin zu verschiedenen Kreditformen findet man hier wichtige Informationen, um das verfügbare Geld aktiv zu managen und so das unfreiwillige Geldverschenken zu beenden.

Die individuelle Planung von Existenzsicherung, Vermögensaufbau und Altersvorsorge wird leicht verständlich erklärt. Die Autorin informiert über sinnvolle Anlagemöglichkeiten und deren steuerliche Aspekte, nennt die Risiken von Konsumschulden und zeigt, wo es die beste Beratung gibt.

Lesen bildet Meinung.
Mit uns garantiert.
Frankfurter Rundschau
Unabhängige Tageszeitung
Die Zeitung zwei Wochen zum Nulltarif.
☎ 08 00/8 666 8 66